【文庫クセジュ】

異文化間教育

マルティーヌ・アブダラ=プレッツェイユ著
西山教行訳

Que sais-je?

白水社

学習の本質は混淆である。子どもは異質であり独自であるが、すでに父母の遺伝子の混合体であり、この新しい交配によってのみ変化する。教育学は、子どもを産むことと誕生を再び行う。左利きで生まれたならば、右手を使いこなすことを学び、左利きでありながら右利きとして再び生まれ、二つの向きは合流する。ガスコーニュ人として生まれ、ガスコーニュ人であり続けながらフランス人となり、混血となる。フランス人として旅行し、スペイン人となり、イタリア人となり、イギリス人やドイツ人となることもある。もしフランス人が結婚して、スペイン人などの文化や言語を習得するならば、そのフランス人は四分の一、八分の一の混血となり、魂と身体は混じり合う。その人の精神はアルルカンの玉虫色のマントのようなものである。

——M・セール『第三の知恵』〔及川馥訳、法政大学出版局、一九九八、八〇頁〕

目次

序論

多元主義のテーマは新しいものではないが、その現状は今なお危機的な問題である。「旧ユーゴスラビア」[1]やアイルランドの悲劇、[2]アメリカ合衆国における人種差別に基づく暴動、[3]外国人排斥や人種差別の再燃、過激主義や原理主義の増大、郊外の危機などを見ると、複数のエスニック・グループが共存し、多言語で多文化の文脈のなかで、教育がどのような役割を果たすのか規定し、分析し、さらには再定義しなければならないことがわかる。社会や教育のネットワークは、ますます増えつつある不均質な社会構造の影響を決定的なまでに被っている。その構造は経済や文化、言語、社会、宗教にも認められるもので、地域レベル、ヨーロッパレベル、また国際社会のレベルにまで波及している。いまやいかなる集団であれ、

1 訳注：ユーゴスラビアでは連邦の崩壊に伴い、一九九一年から一九九九年まで内戦が発生し、なかでもコソボではジェノサイド、レイプ、民族浄化が起きた。

2 訳注：アイルランドとイギリスでは北アイルランドの領有をめぐり一九六〇年代後半から一九九八年まで断続的に無差別テロが行われた。

3 訳注：アメリカ合衆国のロサンゼルスでは異人種間の衝突から一九九二年に大規模な暴動が発生した。

多様化のプロセスを免れることはできない。距離や時間の束縛がなくなり、われわれは最も遠いところで生じた出来事もただちに知ることができるようになったことから、他者性の経験はありふれたものとなっている。他者や外国人、外国人性はどこにでも存在するもので、日常の一部となっている。その結果、学校はさまざまな文化的精神的規範が象徴的に対立する場の一つとなっている。学校はこれまでも政治や社会の問題の中心にあったが、いまや文化にかかわる問題の中心にある。新たなテクノロジーは一貫して受け止められるとは言わないまでも、積極的に受け止められることが多く、また熱意をもって受け入れられる対象となっている。さらに学校は早急にテクノロジーを取り入れようとしているものの、社会や文化の変化は警戒心をもって受け止められ、これは悲観的で重大であるとともに、否定的な言説を伴っている。文化的多様性は実際のところ避けがたく、コントロールできないのだが、文化的多様性という秩序を欠く現象が学校に侵入してくることによって、学校は機能不全となっている。これに対して教師はただちに、また何一つ参照基準を持たないまま対応しなければならない。文化の多元性という問題について沈黙を保つことは、重苦しく恥ずべきことでもあるが、このような態度は長きにわたる混乱を生み出すとともに、社会化ならびに教育の媒体としての学校そのもののアイデンティティをも損なってきた。社会や学校には文化的多様性の刻印が刻み込まれていると明言し、これを認めることは単なる確認にすぎず、問題の解決にはならない。実際のところ、多元性とは社会的に見ても政治的に見ても、近年の事態ではない。これに対して、この多元性を現在の政治課題とするときの条件や、また多元性に関する表現の社会的形態が新たな展開としてあらわれてきた。これまで学校は多様性に対応し、また多様性に対応してきた社会と同じく、多様性をある秩序や権威のシステムに組み入れてきた。実際のところ、地域文化や社会階層に対応したサブカルチャーが存在するにしても、他者に対する国民モデルのプレグナンツ[1]が問題視されることはなかった。社会的関係が不平等であっても、誰もが合意してきた強力なコンセンサスを問題にすることはなかった。その合意のなかには、歴史の流れに応じて、現実的あるいは象徴的意味で自発的に、また強制的に生み出されていった合意もあれば、不本意ながら行われた合意もある。

フランスにおける文化的多様性の取り扱いをめぐる問題は、もっぱら危機や論争の形であらわれている。このような先入観は、一般的に、またおそらくあまりにも安直に呼ばれているジャコバン中央集権主義[2]の精神と必ずしも無関係ではない。実際のところ、ジャコバン主義とは一つの立場であり（これに同意しないこともありうるが、それもまた一つの立場である）、ジャコバン主義について明瞭な考えを持たないことや、また沈黙を守ることは問題から逃れる姿勢を示すことにほかならない。それでも課題の重要さに変わることはなく、社会政策や教育政策が求められていることに変わりはない。文化的多様性にかかわる関係者は相変わらず存在する。なお一時的な行動が進んでとられることがあるものの、問題が本当に認

1 訳注：ゲシュタルト心理学の用語で、知覚された像などが最も単純で安定した形にまとまろうとする傾向を指す。

2 訳注：ジャコバン主義とはフランス革命の指導集団であるジャコバン・クラブに由来するもので、人民主権とフランス共和国の一体性を強く主張する。

識されたわけでなく、根本的な支援策が講じられることもなく、したがって長期的展望があるわけでもない。学校を、さらには指導要領を文化的多様性という現実に関与させることは困難でまた微妙である。しかしながら、学校はいつまでも方向性を定めずにいるわけにもいかない。文化は絶対的な普遍主義の名称のもとにこれまでずっと否定され、あるいはその反対に差異の名称のもとに実体化されてきたが、文化は歴史や社会、イデオロギー、感情、象徴などをめぐる課題の中核にある。いずれにせよ、この問題は中立的ではなく、われわれは無関心のままでいられない。現代社会は、社会化や文化習得、教育、社会性、アイデンティティに基づく社会の構造化、言語、コミュニケーション、また世界や他者に対するあり方のいずれの形態についても多元性を示している。そこで各人はこれまでにないほど、「誰になりたいかを知る」必要があり、学校は現代社会ならびに将来の社会に向かって、どのような個人を教育することができるか、教育したいと考えるか、さらには養成しなければならないのかを考えなければならない。このような意味において、異文化間教育とは、教育にかかわる一つの選択以上の問題であり、社会の課題を映し出すものである。このような文脈との関連において異文化間教育の歴史やその概要、またその矛盾や、次第に調整されていった様相などを分析しなければならない。

第一部　課題と論争

第一章　文化の諸相

異文化間研究という問題系の中心には、文化やアイデンティティ、エスニック・グループ、人種、エスニシティーといった一連の概念が位置づけられており、これらのあいだには複雑な関係が作り上げられている。文化やアイデンティティといった概念はこの全体の概念の一部を形成しており、贈与や自由、知性といった概念などと同じく、さまざまな論点を提供している。というのも、これらはイデオロギーに基づく知的操作の対象となっているからである。そのうえ、これら一連の概念は社会科学や教育学の分野に広く普及しているとはいえ、必ずしもこれまでの研究に依拠しているわけではない。このことは、一連の概念の使用法とその定義、修正の具合、さらには再定義のあいだに認められるずれを見ると納得できる。参考となる概念ならびに認識論上の枠組みは陳腐化し、したがって適切なものが使われていないために、さまざまなあやまちや間違いが生まれ、そのため議論は活性化せず、わかりにくくなり、その結果、決定が遅れてしまっている。

I　帰属の論理から道具としての論理へ

文化とは個人によって伝播され、個人という媒介者によってのみ表現される。[1] したがって個別に把握した文化構造や特徴をもとに、文化の実体を客観的に捉えようとしても無駄である。そもそも、いかなる個人といえども、自分が帰属し、基準とする文化全体を習熟していることはない。分析的で、規範的なアプローチはあたかも文化が現実であるかのように取り扱うものだが、[2] これには意味がない。文化という用語は単に操作的概念として捉えるべきである。[3]

文化とは時代や個人、グループに応じて適応し変化することから、ダイナミックな概念であり、化石化や単純化に陥らずに文化を理解するのは容易ではない。しかしながら、物象化され本質化された文化という概念は、常識として存続している。だが、アメリカの文化本質主義者（M・ミード、R・リントン、R・ベネディクト）に始まり、現代の文化人類学者（M・オジェ、G・バランディエ）にいたるまで、研究者は文化にダイナミックな原理を認めてきた。E・サピア（1967）の言語的相対性アプローチならびにH・トリアン

1　R. Linton, *De l'homme* (1936), *[The Study of Man]*, Paris, Éd. de Minuit, trad. franç., 1968.
2　*Ibid.*
3　C. Lévi-Strauss (séminaire dirigé par), *L'identité*, Paris, Grasset, 1977.

ディス（1972）やCl・レヴィ＝ストロース（1975）の主観的アプローチも、不安定で変化する文化という観念を強化してきた。E・サピアによれば、文化の規範を定めるのはヴァリエーションである。確認しておきたいが、これまで本質主義的で静的な文化の定義に繰り返し立ち戻ってきたことから、アイデンティティや文化の概念をめぐって論争が生まれ、イデオロギーのためにアイデンティティや文化が使われてきたのである。

　表象分析に役立つ記述型アプローチとは距離をとることが望ましい。表象や文化の「特徴」は「独特な」実体ではなく、他者との関係を文脈のなかで現実化するものである。したがって、どのような文化であれ、文化とは個別的な特徴（規範や慣例、習慣など）からではなく、産出物ならびに生み出される条件から定義される。

　実際のところ、文化には二つの機能がある。人間は文化の存在論的機能により、自分自身を自分や他者に指し示すことができる。また文化の道具的機能とは、行動や態度、つまり文化を産出することによって環境への対応を促すことである。文化人類学的な意味での伝統社会において、文化の存在論的機能は文化の適応や整備よりも重要である。ちなみに文化を適応させたり整備することは相対的に見ると珍しく、また時間をかけて行われる。このような文脈において、アイデンティティに基づく人間の定義と、文化に基づく人間の定義は類似している。ある文化への帰属はアイデンティティを参照するものだが、それは二つのレベルが混同しているためではなく、本質的に結びついているためである。なぜならば、伝統に関する文化人類学の特徴（集団の記憶に訴えることや、過去と現在との連続性、集団の規範への同調、長い時間など）[1]

は、文化とアイデンティティという二つの概念を接近させるからである。これに対して、近代社会において（つねに文化人類学的な意味での近代社会において、またさらにM・オジェ[2]とG・バランディエ[3]が定義したような、現代の文化人類学的な意味での近代社会という意味において）、現場のニーズに対応するために、道具としての文化の機能、あるいは実用的な文化の機能は著しく発展し、さまざまな接触が増加したり、変化が次々に行われたり、複雑さが増えたりしている。このような変化は文化指示論者の幻想を示すものである。[4]ここでの文化指示論とは、文化が実際には社会活動の成果であるにもかかわらず、現実を再生産するかのように文化を論ずるものである。これはまた「たこつぼ」の終わりでもある。つまりこれから文化を研究するには、言語学やコミュニケーション学、心理学、社会学、経済学、歴史学、政治学といったさまざまな分野を統合する必要がある。文化とは心理学的現象や社会学的現象、言語学ならびにコミュニケーションにかかわる現象をもとに発展しているものの、さまざまな特徴の集合に還元されるものではない。文化が現実の事象リストを保持しているか、またそのリストに適応しているかどうかを知ることが重

---

1 G. Balandier, *Sens et Puissance*, Paris, PUF, 1986.〔G・バランディエ『意味と力――社会動学論』小関藤一郎訳、法政大学出版局、一九九五〕

2 M. Augé, *Non-lieux. Introduction à une anthropologie de la surmodernité*, Paris, Le Seuil, 1992.〔マルク・オジェ『非-場所――スーパーモダニティの人類学に向けて』中川真知子訳、水声社、二〇一七〕

3 G. Balandier, *Anthropo-logiques*, Paris, Librairie générale française, 1974.

4 M. Abdallah-Pretceille et L. Porcher, *Éducation et communication interculturelle* (1996), Paris, PUF, 1999.

要なのではなく、文化が培われてきた力や混沌としたものを理解することが重要なのである。[1] 文化の解釈モデルと日々の文化実践との距離は増大している。そこでこのようなずれを通してこそ、新しい文化の形成や混成、借用、操作、創造が位置づけられるのである。

文化は二重の因果関係や社会構造やコードの概念に働きかける帰属の論理、ネットワークやプロセス、動態の観念にかかわる関係性の論理の交わるところに存在するもので、これらはすべて歴史や政治、経済の文脈に組み込まれており、その重要性を過小評価すべきではない。この中でも、関係性の論理こそが、現在の変動する文化を理解するうえで最も現実的なのである。

II 閉じこもりと開放のあいだで

E・T・ホールが行ったように、[2] 文化をコミュニケーションに還元しなければならないのだろうか。ホールはF・ボアズ（1940）が主張したように、E・サピアとB・L・ウォーフが修正した命題を取り上げる。サピア・ウォーフの学説とは、環境の知覚は言語によって前もって定められているとするものであり、ホールはこれをコミュニケーションに拡大する。ホールの主張に合意し、「異なる文化に属している個人は異なる言語を話すだけではなく、異なる感覚世界に住んでいる」と主張するのは容易だが、このような分析法に着想を与えている因果関係の論理や決定論を検討してはどうか。というのも社会の不均質化はますます進んでいることから、情勢は不明瞭になっているからである。

実際のところ、さまざまな社会的出来事が多発し、人々の接触が増え、参照基準が個別化したために、文化変容のプロセスは拡大し、ありふれたものとなり、文化にかかわる（一時的な、あるいは持続的な）借用や混淆、変化は進展している。ここでの文化変容とは「異なる文化に帰属する個人で構成された集団が、一つ、あるいは二つの集団の持つ独創的な文化のパターンに突然にあらわれた変化と、継続的にまた直接に接触することから生じる現象の全体を指す。［…］この定義によれば、文化変容と文化の変化は区別されなければならない。というのも文化の変化とは、文化変容のさまざまな局面の一つであり、またそれは同化とも区別しなければならないからである。同化とは文化変容の段階の一つにほかならない」[3]。北米の文化人類学の研究を受けて、フランスではR・バスティドが文化変容に関する研究を実にうまく統合し発展させたが[4]、バスティドの研究は本質的に二極が対立する不平等な関係にあり、とりわけ被支配文

1 C. Lévi-Strauss, *Mythologiques. Le cru et le cuit*, Paris, Plon, 1964.〔クロード・レヴィ＝ストロース『生のものと火を通したもの　神話論理1』早水洋太郎訳、みすず書房、二〇〇六〕

2 E. T. Hall, *La dimension cachée* (1966), Paris, Le Seuil, 1971. *[The Hidden Dimension]*〔エドワード・T・ホール『かくれた次元』日高敏隆・佐藤信行訳、みすず書房、一九七〇〕

3 R. Redfield, R. Linton, Melville J. Herskovits «Memorandum for the study if accukturation», *American Anthropologist*, January - March 1936, pp. 149-152.

4 R. Bastide, *Anthropologie appliquée*, Paris, Payot, 1971.

化に与える支配文化の影響にかかわるものだった。これらの研究はその反対の過程を無視するもので、特に水平関係を犠牲にして垂直関係の分析にとどまり、社会を構成するさまざまの集団とサブカルチャーのあいだの接触を考慮に入れなかった。このような二重の制限は文化変容に悪い意味での含意を、さらには否定的な含意をもたらすものだった。しかし文化変容とは価値としてではなく、プロセスとして異文化間性の課題の中心そのものなのである。文化変容の概念は「文化を奪われた」といった否定的な意味で解されることが非常に多く、個人や集団から文化が奪われたといった観念が表出されている。このような考え方は社会学にとっても文化人類学にとっても、まったくのところ不適切なものだが、残念なことにこのような意味は広まっている。これを見ると、移民だけが文化変容という現象に直面しているわけではなく、どのような個人であれ、異なる状況や様態において文化変容にかかわっていることを思い起こす必要がある。[1]

文化変容とは複雑なプロセスであるが、政治や（植民地主義や戦争といった）歴史、（移民などのかかわる）経済などの状況に応じて、またそこにどのような集団がどのくらいの期間、どのような要因（言語、思想、文化産品や具体的な製品など）を保持するのかによっても変わってくる。これは解釈や再解釈を伴う。[2] 文化変容は紛争や抵抗を生み出すこともある。実際のところ、文化変容のプロセスは波及するにつれて、文化の特徴を分析するにあたっての焦点を、文化接触をめぐる歴史や経済、心理学的、社会学的条件へと移動させる。フランスにおいてこのような仕組みはほとんど研究されていない。R・バスティド[3]やG・ドゥヴルー[4]の研究以降、現代社会に適応される研究が整備されるには一九八〇年代を待たねばならなかった。

文化変容のプロセスの初期に位置づけられる抵抗や、反文化変容もしくは対立する文化変容、文化にかかわる機能不全を区別しなければならない。[5]

実際のところ、ダイナミックな文化変容とは変化と適応の正常なプロセスであり、いかなる点においても文化の退廃のプロセスではない。むしろ、それはあらゆる社会集団に内在する力を示している。というのも「閉ざされた社会を開かれた社会へと変容させるのは文化変容によるからである。さまざまな文明の出会いや混淆、相互浸透は発展の要因であり、病があるとすれば、それは社会や文化の活力の裏側にほかならない」[6]。現在のところ、個人や集団は内向や閉じこもりと、開放や混淆のあいだの緊張関係に捉えられている。この緊張関係は、これと同時に発生する政治や社会にかかわる二つの矛盾する論理のなかに

---

1 M. Abdallah-Pretceille, *Éduquer et former en contexte hétérogène. Pour un humanisme du divers*, Paris, Anthropos, 2003.
2 S. Abou, *L'identité culturelle. Relations interethniques et problèmes d'acculturation*, Paris, Anthropos, 1981.
3 R. Bastide, *Antholopologie appliquée*, Paris, Payot, 1971.
4 G. Devereux, « Acculturation antagoniste », in *Ethnopsychanalyse complémentariste* (1943), Paris, Flammarion, trad. franç., 1972.
5 C. Camilleri, « Contacts de cultures et dysfonctionnements culturels », in *Les Amis de Sèvres*, n° 4, 1982.
6 R. Bastide, *Le rêve, la transe et la folie*, Paris, Flammarion, 1972.

もあらわれており、さまざまな形態の内向きの文化（原理主義や民族主義、[1]過激な地方分権主義、文化本質主義、共同体主義）に立ち向かうとともに、さまざまな形態の文化的多様性や「多数性」[2]「クレオール化」[3]「文化のバロック化」[4]などを発展させている。

Ⅲ　単数から複数へ

個人は共時的に、あるいは通時的にさまざまの集団に帰属するかもしれないし、またそれが義務であるかもしれない。つまり複数のサブカルチャー（地域文化、性別文化、世代別文化、職業文化、宗教文化など）に参加する可能性や義務があることは、個人を主体として、また行為者となることを意味している。[5]個人は単数としての個人として生存することができるし、またこのようにして出身集団（家族、社会、宗教、イデオロギーなど）から逃れる選択肢が生じ、それが可能となる。社会や文化の実体はますます多彩になり、多様化し、不安定になり、動的になっている。文化とアイデンティティはいまや複数形となり、何よりもこの複数性を考慮に入れる必要がある。というのも、これからの規範を構成するのは多元性だからである。これに対して、伝統的社会において所属はそれぞれ唯一であり、集団への帰属は決定的で、強制的なのである。このように帰属集団が増加したばかりではなく、準拠集団も増加したことは逆説に陥る。地域、郊外、地区、団体、年齢などの集団はますます小さくなる一方で、ヨーロッパ、世界、国際社会の連帯などの集団はますます大きくなっている。ここでわれわれは社会現象の縮小化とグローバル化の二つに直面しているのである。

帰属集団とアイデンティティの定義が増加することは、集団を承認するしるしが激増していることと対をなしている。個人と集団のあいだの差異に加えて、さらに個人の内部に存在する多元性が付け加わる。このような多元性のため行動は柔軟になっているとともに、個別の目標のためにさまざまな戦略が導入されている。本書は、さまざまな範囲、使用領域、「道具箱」[6]といった概念に言及するのであって、単一性や唯一の帰属といった概念に言及するのではない。

集団間の不均質性に加えて集団内部の不均質性が加わると、アイデンティティは固定的なカテゴリーではなくなり、動的になり、恒常的に構築されるものとなり、調整や矛盾の源、つまりは衝突や操作、機能

1 訳注：「民族主義」の原語は ethnisme で、これは言語を指標とする少数民族の独立を主張する政治思想で、フランスではオクシタニーの民族運動として展開した。
2 G. Durand, *L'âme tigrée. Les pluriels de psyché*, Paris, Denoël Gonthier, 1980.
3 E. Glissant, Conférence inaugurale du Carrefour des littératures européennes, Le 4 novembre 1993.
4 M. Abdallah-Pretceille, L. Porcher, *op. cit.*, 1996.
5 A. Touraine, *Le retour de l'acteur*, Paris, Fayard, 1984.
6 G. Devereux, «L'identité ethnique, ses bases logiques et ses dysfonctions», in *Ethnopsychanalyse complémentariste*, *op. cit.*

不全の起源となることを認めることになる。[1] ちなみに集団内部の不均質性は、個人と集団の関係がますます弱まり、同じ集団を構成しているすべての構成員に集団の特徴が組織的に存在しないことに結びついている。

このために、個人の外部において、またその個人との一切の関係を絶って個人を定義することは、ますます難しくなっている。（年齢や国籍、文化、社会、さらには宗教といった集団）アイデンティティのしるしは捉えがたく、すぐに消えてしまう。これらはもはや簡単に特定される唯一の集団の特性ではない。われわれは一種のアイデンティティの混乱に直面しており、これはもはや、命令や強制といった指示を受けて自発的に分類を行ったり、標識付けを通じて他者の権威によるアイデンティティの特定を受け入れたりすることはできない。したがって、均質で唯一のアイデンティティから出発して他者を認識したり、他者認識を学んだりするのではもはや十分ではなく、他者を識別できるよう学ぶことが大切になる。[2]

Ⅳ　属性から関係性へ、記号から前兆へ

アイデンティティに関する一元的な考え方を放棄し、多元的なアイデンティティを求めることは、個人をその特徴に基づいて定義するのではなく、政治や経済、社会問題や心理学分野の影響を受けた状況に組み込まれて作り上げた人間関係のネットワークをもとに、定義することになる。アイデンティティは、状

況や相互作用との関係で個人の選択する方略に基づいて定義される。[3] 秩序としての文化や、システムとしての文化、またアイデンティティを捉える視点に、行動やコミュニケーションを通じて実践されるアイデンティティの産出物が付け加わる。個人とは単に帰属によって創出されるものだけではなく、帰属を作り出すものであり、帰属の産出者であり、行為者なのだ。このような観点から見ると、コードや記号だけに基づいて文化を把握し、理解することはできないだろうし、むしろさまざまな徴候、つまり関係性や文脈化や場面のなかにあらわれる徴候をもとに把握し、理解しなければならない。[4] 記号論的分析とは記号のコード化やコードの解読による分析に基づくもので、これは多くのあやまちや誤解を伴うものの、さまざまな徴候の解釈に基づく解釈学的アプローチや語用論的アプローチから後れをとっている。文化事象とは分析を通じてのみ意味を持つ。文化事象とは単語がそうであるように、用途や表現の文脈を離れては何も意味しないのである。それは記号論の次元に結びついており、その次元で取り扱われると考えられる。

1 G. Devereux, *ibid.* ; C. Camilleri, « De quelques dysfonctions de la famille maghrébine contemporaine », in *Annales de Vaucresson*, numéro spécial, 1979.
2 M. Abdallah-Pretceille, *Vers une pédagogie interculturelle* (1986), Paris, Anthropos, 2004, 4e éd.
3 C. Camilleri *et al.*, *Stratégies identitaires*, Paris, PUF, 1990.
4 M. Abdallah-Pretceille, *op. cit.*, 1996.

V　文化性の概念について

文化社会学に関するP・ブルデューの研究は、文化と社会階層の関係を明らかにするものだった。ブルデューの研究は文化の構造ではなく、文化のプロセスや動態を強調したことから、カルチュラル・スタディーズの発展の起源の一つと見なされているようだ。

現在のところ文化とは、社会やコミュニケーションのなかで現実化した形態を越えて、独立した実体として理解されることはないと考えられている。そこでは文化が、より正確に言えばさまざまな文化的特徴がコミュニケーションや相互行為、自己の「劇場化」を通じてどのように使用され、操作されているのかを見分けることが重要となる。[1] まさに「行為としての文化」が重要なのであって、静的な状態の文化が重要なのではない。多元的な文化が存在する場において、われわれは文化全体にかかわるのではなく、断片的な文化にかかわる。複雑な混淆や借用を理解するうえで文化という概念は適切ではない。これに対して、「文化性」の概念は、文化が動くものであり、蜂の巣のような構造であることを示している。[2] 文化の痕跡こそ有意を示すものであって、文化の構造が有意を示すのではない。実際のところ、個人は重要な意味を持つ要素について少しずつ認識を深め、[3] 自分の関心やその場の制約に応じて文化情報を選び取り、活用する。文化とは言語のように、自己や他者を演出する場なのである。

不均質性や複雑性は記述型研究と相性が悪い。記述型研究は変化や変動、逸脱、創造されつつある社会や文化を十分に考慮に入れないからである。記述とは現実の切り取りに基づくものだが、文化全体を保持することは必要であり、これは形容詞や修飾語句のついた心理学や社会学を排除することになる。それらは説明にとどまり続けるものの、理解に位置づけられるものではない。[4] その目的は「技術的に使用可能になるような不均質性」の制御を学び、[5]「複雑な行動と相互作用ならびに生成について明確な解釈へ向かうような」生成科学を作り上げることである。[6]

現在のところ、中核となるのは文化の概念ではなく、文化的多様性の原理そのものである。振る舞いや

---

1 E. Goffman, *La mise en scène de la vie quotidienne* (1956), Paris, Éd. de Minuit, trad. franç., 1973.〔E・ゴッフマン『行為と演技——日常生活における自己呈示』石黒毅訳、誠信書房、一九七四〕

2 M. Abdallah-Pretceille, «Compétence culturelle, compétence interculturelle», in *Le français dans le monde*, Paris, Hachette, janvier 1996.

3 A. Schütz, *Le chercheur et le quotidien. Phénoménologie des sciences sociales (traduction d'articles sélectionnés à partir des Collected Papers)*, traduction par Anne Noschis-Gillieron, postface et choix de textes de Kaj Noschis et Denys de Caprona, préface de Michel Maffesoli, Paris, Méridiens Klincksieck, 1987.

4 M. Maffesoli, *La connaissance ordinaire. Précis de sociologie compréhensive*, Paris, Librairie des Méridiens, 1985.

5 M. de Certeau, «L'opération historique», *in* J. Le Goff et de P. Nora (dir.), *Faire de l'histoire. Nouveaux problèmes*, t. 1, Paris, Gallimard, 1974.

6 G. Balandier, *Anthropo-logiques*, Paris, Librairie générale française, 1985.

社会化、学習、コミュニケーションは差異のモデルに属するというよりも、多様なものや変化のモデルに属する。文化は歴史や関係性に結びついていることから、閉じ込めようとしても、ラベルをつけようとしても、それを軽視し、囲い込まれた定義に収まらない。文化性の概念によってこのような複雑性を理解することができる。一つの伝統やある文化項目、ある文化を実体化することは結局のところ、文化の教条主義、さらには「文化的原理主義」の一形態に陥ってしまう。

このようにしてわれわれは次の逆説に到達する。われわれ自身の社会に変動する文化の重要性を、つまり文化の概念を再び発見するとき、この文化の概念を乗り越える必要がでてくる。すべての文化を記述することが重要なのではなく、異なる文化に属していると語る個人や集団のあいだで行われることを分析し、文化についての社会上の用法やコミュニケーションの用法を分析することが重要なのである。変動する文化は教育問題、社会問題、政治問題にあらわれるが、どのような形態であらわれるのか事前にはわからない。そのため、文化のプロセスをもとに研究を進める必要があり、個人や集団によって付与された、あるいはみずからが付与した文化の特徴をもとに研究を進める必要はない。

VI　差異と普遍性のあいだで

アイデンティティに関する考察は差異に関する問題系を想起させる。この考察は一連のジレンマと逆説のなかに位置づけられる。この考察は心理学や、教育、社会、政治上の、単純でもなければ中立でもない立場を表明するだけになおのこと難しい。差異と普遍性をめぐる弁証法的な相互作用は両極へと集中しすぎることによって、乗り越えられないまでの他者性へと自己を閉じ込めてしまう論理へと陥ったり、また類似性や絶対的な平等主義のもと均質化の論理に陥ってしまう。曖昧な点や、さらには危険な点として次の事項が挙げられる。

① 差異の知覚の道徳化

道徳的な含意や価値判断、ヒエラルキー化の原理が差異に関する言説をゆがめている。差異はただちに「善」と「悪」や優越性と劣等性、[1] あるいは脅威を与えると見なされるため攻撃性といった用語に置き換えられる。[2]

② 差異を欠損と解釈すること

欠損とは教育面から見ると、バランスの回復へ向けた、あるいは「規範」への回帰と見なされる補償教

---

1 T. Todorov, *La conquête de l'Amérique. La question de l'autre*, Paris, Le Seuil, 1982.〔ツヴェタン・トドロフ『他者の記号学――アメリカ大陸の征服』及川馥・大谷尚文・菊地良夫訳、法政大学出版局、一九八六〕
2 M. de Certeau, *L'étranger ou l'union dans la différence*, Paris, Desclée de Brouwer, 1969.

育学としてあらわれる。

③ 差異の先鋭化

この先鋭化の一つのあらわれは差異への権利の要求であるが、この権利は逆説的なことに人種差別イデオロギーの柱の一つとなっている。[1] 差異に関する言説はみな差異のために差異を育み、したがって、文化の「人種化」の形態に陥るおそれがある。[2] 差異を強調することは「われわれ」と「彼ら」、「私」と「彼」（「彼」は「君」ではない）のあいだにある差異や分裂、また標識付けや割り振りによって支配しようとする意思を示している。[3]

④ 脱文脈化による化石化

これは一種の無菌化であり、エキゾティシズムに到達する。[4]

⑤ 差異を解釈し、正当化する価値観

このような価値観は表面的な合理化を通じて、拒否や支配の姿勢を認める。たとえば、文化の距離という概念は異議申し立てが行われているものの、[5] 不信感に基づく政策を認めるもので、さらには排除の政策をも認める。A・トゥレーヌによれば、「差異や特殊性、アイデンティティを訴える運動はみな、安易にも社会的関係の分析を省略している」。[6]

⑥ ヒエラルキーに基づく不平等なものの見方

これは、支配者集団が他者の差異を言明する権利や権力を不当に取得するときに発生する。この場合、その意図が差異の承認であるか、あるいは尊重であるかなどは関係がない。差異の承認を公言する者（あるいは拒否する者）もいれば、それを要求する者もいる。差異とは、暗示的にであれ、明示的にであれ、ある規範との関係で明らかにされるもので、正当性を保持する集団ないし個人のみが差異を明言すること

---

1 C. Guillaumin, *L'idéologie raciste. Genèse et langage actuel*, Paris-La Haye, Mouton, 1972 ; C. Camilleri, « Seuil de tolérance et perception de la différence », in *Sociologie du Sud-Est*, n°s 5/6, octobre 1975; P.-A. Taguieff, *La force du préjugé. Essai sur le racisme et ses doubles*, Paris, La Découverte, 1987.

2 M. Abdallah-Pretceille, *op. cit.*, 1986.

3 E. Apfelbaum, *Relations de domination et mouvements de libération. Le pouvoir entre les groupes*, document mult., Nice, IDERIC, 1976.

4 V. Segalen, *Essai sur l'exotisme. Une esthétique du divers*, Paris, Fata Morgana, 1978 (éd. posthume). 〔ヴィクトル・セガレン『〈エグゾティスム〉に関する試論・覊旅』木下誠訳、現代企画室、一九九五〕

5 V. de Rudder, « La différence et la distance », in *L'immigration en France. Le choc des cultures*, Dossiers du Centre Thomas-More, n° 51, L'arbresle, 1987.

6 A. Touraine, *La voix et le regard*, Paris, Le Seuil, 1978. 〔アラン・トゥレーヌ『声とまなざし――社会運動の社会学』梶田孝道訳、新泉社、一九八三〕

ができるのである。[1] 差異を誇張すると一種の恩着せがましい態度や社会的階層が隠されてしまう。差異に関して逸脱し、また曖昧な言説があるからといって、そもそもこのような言説が進化論主義者の考え方や同質性のイデオロギーへの反動から発展してきたことを忘れてよいものではない。差異を極限に捉える見方と、それを極めて少なく捉える見方のあいだには平衡点があり、これは多様性のパラダイムにつながっている。差異と多様性の概念は長いあいだ混同され、混合されることがあまりにも多かったことから、多くの原理や現実の隠蔽を通じて、議論や方向性がわかりにくかった。

⑦あまりにも注目されてきた集団間の文化的差異

これは、経済や社会、宗教などへの帰属にかかわる、個々人ならびに個人内部の差異を犠牲にして注目が集まった。文化や社会とは均質ではなく、生活そのものの中心には多元性や多様性がある。社会学者や民俗学者、心理学者はみなそれぞれ適切な手法に従って差異化のプロセスを研究してきた。このような研究の遺産の継承を通じて、人々を支配するための単純な言説が増加してきた。さらには個人や集団を、一元的で一つのレベルに還元するアイデンティティに押し込むことによって、人種差別となる言説を増加させてきたのである。たとえばそれはアメリカの黒人のケースであり、[2] フランスにおける「ブール」(アラブ人移民二世)や「第二世代」やさまざまの移民のケースであった。[3] 一方で集団の不均質性を承認し、その権利を認めるとともに、他方で個人に固有の不均質性をも受け入れなければならない。多様性とは人間の本質を構成するものであるが、個人の多様性を承認することこそ、他者の多様性を承認する条件の一つなのである。自己の多様性や内面の豊かさを考えることのできないものは、他者の豊かさに到達することはできない。

⑧所与のものとしての文化的多様性

これに対して、均質性は作られたものであり、政治的次元（全体主義、ファシズム、伝統主義など）、宗教的次元（カルト、原理主義など）、さらにはイデオロギー的次元（教条主義など）での自己の意思による行為の結果なのである。したがって、不均質性とは規範であるものの例外ではなく、ましてそれはハンディキャップではない。多様性は不安定な性質を持っているため、容易に順応するものではないが、差異は自然に与えられた所与と見なされて、取り扱われることが多い。実際のところ、差異は個人のなかや集団のあいだで取り交わされた動的な関係やかかわりの表現にほかならない。多様性は先鋭化の形態にふさわしいものではなく、カテゴリーとしてではなくプロセスとして位置づけられるもので、そのため普遍性に結びつくのである。

1 P. Bourdieu, *Ce que parler veut dire. L'économie des échanges linguistiques*, Paris, Fayard, 1982.〔ピエール・ブルデュー『話すということ——言語的交換のエコノミー』稲賀繁美訳、藤原書店、一九九三〕
2 T. R. Young et P. Chassy, «La restauration d'une identité : les black muslims», in *Cahiers internationaux de sociologie*, n° 51, 1971.
3 M. Abdallah-Pretceille, *op. cit.*, 1986.

⑨　多様性の持つ、多極的で水平的な構造

多様性の構造は、差異にみられるような垂直的で二極的、階層的な構造に対立する。文化はますます不均質なものとなっていることから、共同体それ自体のなかの関係、つまりは変動の幅を考慮に入れるため二極的なものの見方（ホスト社会と出身社会、多数派と少数派、支配者と被支配者など）が出現しているが、そこでの関係は前述の問題点や矛盾、曖昧な点を考慮に入れたものではない。差異の論理は、すべての実体を分断するモナドの論理と同時に不平等な関係の双方に組み入れられている。というのも、差異を公言することは現実のレベルにはなく、さまざまな象徴のレベルに位置づけられるからである。差異は距離を、さらには拒否をも認めるのである。そこで、差異という語句[1]はたいへんに曖昧であるため、あまり相手を非難することのない多様性という用語が好まれており、この用語はさまざまな現実を指示することができる。しかし、残念なことに多様性という用語もまたさまざまな操作の対象となり、意味を失ってしまった。

アメリカの文化本質主義者は文化相対主義という概念を開発することにより、人間を定義するための基準として普遍性の原理を展開してきた。彼らからみると、普遍性を表現するのはまさしく心理学の用語なのである。[2]同様に、彼らは差異それ自体にまして差異化のプロセスを強調してきた。[3]G・ローハイムやR・バスティド、G・ドゥヴルーは文化と人間の本質にかかわる普遍性を措定してきた。ローハイムはエ

ディップス・コンプレックスが普遍的であるとして、文化相対主義の学説に異議を唱え、バスティドは、文化は隠喩にほかならず、同一の現実を表現するにほかならないと考え、ドゥヴルーは人間の精神活動の普遍性は差異化の能力の内にのみ存在すると主張したが、文化の一般理論の知識を強調し、差異の検討は行わなかった。これらの研究者は、人間の本性や文化の機能の理解、また文化に関する一般的なカテゴリーと、ある特定の文化のなかでのカテゴリーが持ちうる内容の区別を強調している。

したがって、普遍性の原理は多様性の原理と不可分である。M・メルロー＝ポンティは「間接的普遍主義」に言及した。J・P・サルトルは個別的普遍主義を訴え、[4] P・リクールは「文明化された普遍主義」

1　訳注：七〇年代から八〇年代にかけてのフランスの反人種主義運動のなかでは「差異への権利」droit à la différence がスローガンとなった。

2　M. Dufrenne, *La personalité de base*, Paris, PUF, 1953.

3　G. Róheim, *Psychanalyse et anthologie*, Paris, Gallimard, trad. franç., 1967 (éd. orig., 1950)〔ゲザ・ローハイム『精神分析と人類学』小田晋・黒田信一郎訳、上・下、思索社、一九八〇〕; R. Bastide, *Anthologie appliquée*, Paris, Payot, 1971; G. Devereux «Deux types de modèles de personnalité modale» in, *Ethnopsychanalyse complémentariste*, *op. cit.*;

4　J.-P. Sartre, «L'universel singulier», in *Situations philosophiques* (1964), Paris, Gallimard, 1990.

を訴えた。[1] M・ウォルツァーは突出した普遍主義と反復される普遍主義を弁別し、[2] 反復される普遍主義は個別主義と多元主義に注意を払う点で、前者の普遍主義と区別される。したがって、普遍的なものと個別的なものの対立は不毛なのだ。というのも、両者はお互いに豊かになるからである。文化とアイデンティティはこのように絶え間のない緊張関係に組み入れられるもので、アイデンティティが固定的に定式化されることはますます少なくなり、多元性に従い、その影響を受けるなかで選択と戦略に応じて構成されるだけになおのこと、その緊張関係は強くなっている。

したがって、差異の探求は関係性や状況の分析を優先させることになるが、そこでは多様性と普遍性は相互に生起する。普遍性の原理は普遍主義と混同されることが多いが、普遍主義は「アイデンティティ」と「同一性」を同一視し、混同することによって、またある個別の事例をさらにずっと大きな全体へと一般化することにより変質したものにほかならない。普遍主義に対する正当な批判が普遍性の原理の承認を隠蔽するようなことがあってはならない。

---

1 P. Ricœur, *Soi-même comme un autre*, Paris, Le Seuil, 1990.〔ポール・リクール『他者のような自己自身』久米博訳、法政大学出版局、一九九六〕
2 M. Walzer, « Les deux universalismes », in *Esprit*, Paris, décembre 1992.

第二章　多文化主義への疑問

アメリカの歴史はインディアンや奴隷の問題、すなわちアメランディアンや黒人の市民権を排除した問題、その後の移民の展開（戦前はヨーロッパ系移民、その後は全世界からの移民）を経験するもので、これを見ると、なぜアメリカが文化的民族的多元性に関心を向けてきたのかがわかる。アメリカ合衆国における多文化主義の創出は一九六〇年代における市民権の獲得運動の戦いと同時期であり、メルティングポットというイデオロギーを特徴とする移民政策の後の時代のことである[1]（メルティングポットとは、さまざまな社会的条件や出自の異なる移民を同じ一つの文化に統合することを意味する）。メルティングポットの幻想や失敗は実に早い時期から特定され、分析されてきた。[2] 多文化主義は差異を強調することによって社会的

1　メルティングポットという用語は、イズレイル・ザングウィル（一八六四―一九二六、イギリスの作家）の戯曲『坩堝』（1908）から借用したものである。

2　N. Glazer et D. P. Moynihan, *Beyond The Melting Pot*, Cambridge, USA, MIT Press, 1963〔ネイサン・グレイザー、ダニエル・P・モイニハン『人種のるつぼを越えて――多民族社会アメリカ』阿部齊・飯野正子訳、南雲堂、一九八六〕; M. H. Gordon, *Assimilation in American Life*, Oxford, University Press, 1964.〔M・M・ゴー

文化的均質性を解体し、社会ネットワークを作り出している多元的な構成員の承認を推進しようとしている。

この一方で、カナダは多文化主義に基づく市民権モデルを訴えている。[1] 一九八二年のカナダの権利と自由に関する憲章は多文化主義を法制化している。この憲章は多文化主義の維持と価値に関する法律（1998）によって追認された。その前文は次のようにある。「個人の権利に関するカナダの法律は、いかなる人であれ、それが社会のなかでの義務や法的義務と両立する限りにおいて、能力などを開花する平等な機会を持つと規定する」。カナダには多文化主義政策を実施する職務を持つ大臣がいる。同じような視点から「二重の帰属」の原理が承認されている。というのも、これは統合を推進することのできる要素と考えられたからである。カナダの公文書には、「多文化主義」、統合、「間文化主義」[2]（これは間文化理解に関するプログラムの枠組みに認められる）という用語が見られることから、複雑で難しい現実を言説や実践を通じて安定化させることが容易ではないことがわかる。さらにケベック問題はカナダ連邦政府の方針や予防策に影響を及ぼしている。

ヨーロッパのなかで「多文化主義」という用語は（その国の定式化により異なるものの、エスニック・グループや移民の）少数者に対してあてはまるもので、少数者は国家に統合されなければならず、そのような国民国家の伝統は（スウェーデンやイギリスなどのように）古くからのものである。

Ⅰ　定義と特徴

現在のところ、文化的多様性の管理には二つのモデルが存在する。一つはアングロ・サクソン型多文化主義モデルであり、これによれば、個人は国民国家の共同体とは異なるもう一つの別の共同体に所属することができる。もう一つは、フランス語圏から着想を得た異文化間主義の動向であるが、これはまだ政治の領域でも、教育の領域でも公的に承認されておらず、安定した地位を占めてはいない。とはいえ、多文化主義や共同体主義の動向に対して、強力な代替案であることに変わりはない。

多文化主義は以下の原理や前提に基づいている。

ドン『アメリカンライフにおける同化理論の諸相――人種・宗教および出身国の役割』倉田和四生・山本剛郎訳編、晃洋書房、二〇〇〇〕

1　V. M. Esses et R. C. Gardner, « Le multiculturalisme au Canada : contexte et état actuel », in *Canadian Journal of Behavioural Science*, vol. 28, n° 3, juillet 1996.

2　訳注：「間文化主義」interculturalisme とはカナダ・ケベック州で発展した社会統合の理論で、移民に対して支配的文化への適応を求めるとともに、移民の文化的差異を保持することにより、多様性を尊重し、フランス語を仲介とした民族間の交流や相互作用の促進を目指す。

① 優先権は帰属集団に与えられている

個人とはまず、そして本質的に集団の一員である。個人の行動はその帰属によって規定され、決定される。多文化主義とは個人や集団を相互の関係において位置づけるシステムである。そこでは集団のアイデンティティが個人のアイデンティティに優先され、民族や宗教、移民、性別などの差異を承認することに重点が置かれている。多文化主義は差異を追加し、集団を並列するもので、これにより社会をモザイクのように捉える考え方にいたる。差異を追加して考える社会モデルは構造や特徴、カテゴリーを優先するのである。

多文化主義の視点は集団をあらかじめ定義することにより、集団を妥協の余地のない現実の社会、政治、教育と結びつける。しかしそれぞれの集団は均質であると想定され、内部の多様性は実体としての集団のために無視されている。集団内部において個人は同一の価値観や振る舞いを共有すると見なされている。集団は類似をもとに構築され、アイデンティティも同一性に基づいて構築される。このような観点から見ると、規範の概念がたいへんに重要になる。規範は尊重されなければならない。というのも、集団の定義そのものが規範に基づくためである。論理とは規範に基づくもので、さらにそれは強制力を持っている。集団は暗示的に、また明示的に公認され、特定化され、カテゴリー化され、分類され、さらには階層化される。

共同体主義は多元主義の一種であり、そこから派生したものの一つの考え方が「部族の復興」である。[1]
このような共同体主義の原理はアメリカ合衆国での法律や制度などの原理をもとに展開したもので、フランスではとりわけ宗教や文化的出自などへの帰属に関するいくつかの基準を過度に重視することを通じて、多様であるとともに巧妙な形態で存在している。

② 差異の空間化

これは、エスニック・タウンの建設を通じてあらわされるが、間違うとゲットーが作られるおそれもある。多文化主義は、弁別される差異と同じ数だけの個別の公的空間を作り出す。その目的は、みずからが作り上げた基準、あるいは他者によって作り上げられた基準に従って、均質と見なされる社会的、地理的(中華街、ギリシア人街、イタリア人街など)空間を創設することによって差異を枠組みに入れることである。

③ 個々人の権利を保障する複雑で特別の裁判権

(エスニック・グループや性的、宗教的)少数派の法的承認は、なかでもクオーター制や積極的差別政策(アファーマティブ・アクション[一九六四])といった政策を通じてあらわされる、さまざまな法律につながる。集団と個人との関係は法律を経由する。すなわち、ある人の権利が別の人の権利と対立することもある。これを見ると、アメリカ合衆国の日常生活で法律が中心的な役割を担っていることは部分的に理解できる。このようにして法律の力学と差異の承認の力学を結びつけることにより、社会問題は専門知識の形

1 M. Maffesoli, 1991.

態へと変化したのである。[1] この点に関して、フランス法では個人と市民の権利を重視することから、少数者の法的概念ならびに彼らに関する憲法上の規定が欠落している。

④ 文化相対主義の承認

そもそも文化相対主義はアメリカ文化本質主義学派の知見であり、文化進化論に対立する形で発展してきた。文化進化論は唯一の視点、すなわち民俗学の視点から文化体験を分析し、観察し、比較してきた。文化相対主義は、個々の文化的要素を帰属する文化との関連においてのみ考慮されるべきであると考えることから、本質的に脱中心化を進めるもので、文化について自民族中心的なものの見方を少なくしようとしている。

ところが規範そのものが普及し、すっかり相対化したことにより、規範が政治や社会問題に安易に取込まれてしまい、その結果、相対性の原理そのものの価値が低下してしまった。普遍性を犠牲にして個別性を極度に重視することは、すべての文化体系が等価であることを無条件に主張し、文化相対主義の絶対化を通じて行われたが、そのためついには社会政策や教育政策の領域で率先した行動をとることができなくなってしまった。その結果、規範が行き詰まり、また争いとなる[2]（本書九二頁「規範の対立という問題」参照）ことが多くなったために、一種の社会的アノミーにいたったのである。

⑤ 公共空間における差異の表現

集団生活や公共生活のなかに差異を組み込むことは、差異を承認するうえでの最良の手段と考えられる。学校や大学、地区、施設などは文化的差異を再現し、社会という場で可視化しなければならない。それ以外のいくつかの国、とりわけフランスのような非宗教国家では、これとは反対に個人の空間においてこそ、(宗教や習俗などの)差異を自由に表現することができる。これに対して、公共空間は個人と市民のあいだで共通のものを強調するのである。

II 多文化教育

学校はこのような多元的な変化にどのように対応しなければならないのだろうか。これに対する回答は、時代や国によって異なる。多文化主義の動向は社会問題や政策に根ざしてもいるが、学校という世界にもまた深くかかわっている。多文化教育はさまざまな教育プロジェクトを経て実施されているが、これは、国家が活力にあふれる文化を抑制するとともに、文化集団であることを自認し、また異なるものとして認証される集団の必要性に国の教育制度を適応させる試みでもある。多文化教育というアングロ・サク

1 M. Abdallah-Pretceille, *op. cit.*, 1996.
2 訳注：E・デュルケームの用語で、社会解体期に見られる行為や欲求の無規律状態を指す。

ソンの表現は古くから存在しており、大学教育段階も含めてアメリカの教育システム全体のなかで広く用いられている。多文化主義は公的承認を受けているのである。これに関する出版物や研究は非常に多いのだが（そのいくつかの著作には第六版まで出ているものもある）、それでもフランスではあまり知られていない。[1]

しかしながら、「多文化教育」という用語はさまざまな意味を包含している。バックグラウンドの異なる家族の習慣や伝統を知るという教員の素朴な意思から始まり、人種やエスニック、性などの差異を学校のなかで、また学校を通じて考慮に入れるだけではなく、民族学校の創設まで含むものもある。教育政策も含めて連邦の構造や各州の自治組織を考慮に入れるならば、多文化教育のカリキュラムにはいくつかのバラエティーがある。基本となるいくつかの原理はすべてのカリキュラムのなかに存在しており、その原理は選択肢を明確に定める。多文化教育とはまさしく基本的方針であり、いくつか存在する教育上の選択肢の一つではないと明言している。

アメリカの大学（たとえば、シカゴのルーズベルト大学、イリノイのナショナル・ルイス大学、シアトルのワシントン大学など）では、多民族研究と多文化教育を接合する多くの教育が行われている。そこでの教育は知識にかかわると同時に態度にもかかわるもので、多文化教育は主として少数者や移民との関連で実施されている。多文化教育カリキュラムを作成し、集団を個別の実体（すなわち「アフリカ系アメリカ人」「ヒスパニック系アメリカ人」「ネイティブ・アメリカン」など）として考察しようとする研究者も存在する。このような種類の教育プログラムの目的は、教室にあらわれる差異を受け止めることである。多文化教育のカリキュラムは、生徒が人種に関する偏見を意識化し、世界の多様性や相互依存性に結びついている社会的変化を理解することを目的としている。

多文化教育のプログラムにおける学校の役割は次の点にある。[2]

1　エスニック・グループの多様性や文化的多様性を承認し、尊重しなければならない。

2　さまざまなエスニック・グループや文化集団の参加を原則とする社会統合は推進されねばならない。

3　あらゆる個人ならびに集団にとっての機会均等を促す。

4　すべての個人は等しい尊厳を有するとともに、民主主義の理念に基づく社会を発展させ、建設する。

多文化教育に関する研究計画の大要を定めたガイドが一九七六年にJ・A・バンクスの監修のもとに刊行されたが、それは一九九一年に改訂され、国立社会研究評議会（NCSS）によって承認された。このガイドは二十三のポイントを含んでおり、参考までに以下に引用する。[3]

1　J. A. Banks, *Teaching Strategies for Ethnic Studies*, Boston, Allyn & Bacon, 6e éd., 1997.

2　J. A. Banks, *ibid.*

3　参考までにいくつかの著作を記載する。J. A. Banks, A. McGee Banks (dir.), *Multicultural Education: Issues and Perspectives*, Boston, Allyn & Bacon, 1993; J. A. Banks (ed.), *Handbook of Research on Multicultural Education*, New York, Macmillan, 1995; C. Sleeter, C. A. Grant, *Making Choices for Multicultural Education:*

1　エスニック・グループの多様性ならびに文化的多様性は学校環境のあらゆるレベル、あらゆる局面にわたってあらわれるものである。

2　教育政策ならびに教育法は多文化間での積極的なやりとりを奨励するもので、学生と教師、学校職員のあいだでの相互理解を促すものである。

3　学校職員はアメリカ合衆国のエスニックの多様性ならびに文化的多様性を反映するものである。

4　学校は教職員向けに生涯養成研修プログラムを準備するが、それは体系的で、網羅的なものとなるべきである。

5　学習プログラムは、学校共同体の学生に対して、文化面で固有の学習気質や方法を反映するべきである。

6　多文化学習プログラムは、学生に最良の自己意識を発展させる機会を絶えず与えるものである。

7　学習プログラムは、アメリカ合衆国に居住するエスニック・グループならびに文化集団の経験（つまりこれらの集団が直面した問題だけではなく、彼らが北米社会にもたらしたもの、また彼らの好ましい経験など）を全面的に理解できるよう、学生を支援しなければならない。

8　学習プログラムは、人間社会が避けて通れない理想と現実のあいだの葛藤を学生が理解できるよう援助しなければならない。

9　学習プログラムは、アメリカ合衆国において実現が可能なエスニックならびに文化上の代替となる選択肢をよく探求し、明確にする。

10　学習プログラムは、エスニック・グループの多元性と文化的多様性、また国民国家に共通の国民文化を支持し、構築する価値観や態度、振る舞いを推進しなければならない。

11　学習プログラムは、民主的で多元的な国家において効果的に市民権を行使するための必要な基盤として、学生が決定を下す能力や社会参加をする能力や有効な政策を見分ける感覚を伸ばすよう助けなければならない。「多数から一つへ」[1]が学校や国家の目的でなければならない。

12　学習プログラムは、集団における学生が、個人のあいだであれ、異なるエスニックや文化集団のあいだであれ、効果的なやりとりに必要な態度を育むよう助けなければならない。

13　学習プログラムは広範にわたるとともに、理路整然としたものであらねばならず、エスニック・グループならびに文化集団について広い視野を提供し、あらゆる面を含む学習プログラムの一部を完全に構成するものであらねばならない。

14　学習プログラムは文化や歴史にかかわる体験、社会の現実、エスニック・グループならびに文化集団の生活条件、人種構成に関するいくつかの事項を含まなければならない。

Five Approaches to Race, Class, and Gender, New York, Merrill, 1988; C. Sleeter, P. McLaren, *Multicultural Education, Critical Pedagogy and The Politics of Difference*, New York, Suny Press, 1995.

1　訳注：「多数から一つへ」Pluribus unum とは「多州からなる統一国家」であるアメリカ合衆国をあらわす。

15　学際的で多分野にかかわるアプローチは、学習プログラムの構想や実施をとりまとめなければならない。
16　学習プログラムはさまざまなエスニック・グループや文化集団を学習するために比較アプローチを使うことになる。
17　学習プログラムは、多様なエスニックや文化の考え方や視点をもとに出来事や状況、争いを考察し、解釈できるよう学生を支援しなければならない。
18　学習プログラムは、アメリカ合衆国の発展を多様な局面を持つ社会として概念化し、記述しなければならない。
19　学習プログラムは学生がさまざまなエスニック・グループならびに文化集団の美的体験に関与する機会を与えなければならない。
20　学校はエスニック・グループの言語を正統なコミュニケーションの体系として学習し、少なくとも二言語を習得するよう学生を支援することとする。
21　学習プログラムは実験的学習法、とりわけ地元のコミュニケーションのリソースを最大限に活用しなければならない。
22　学生の評価に使用する手法は彼らのエスニック体験ならびに文化体験を反映するものとする。
23　学校は、エスニックの多様性ならびに文化的多様性の学習に使用される教材や教育目的、教育法を継続的かつ体系的に評価しなければならない。

このガイドは、二十三項目に対応する重要な評価チェックリストを伴っている。ここでガイドの著者はエスニック・グループと文化集団を区別していることに注目したい。しかしながら、一義的な定義が存在するものではなく、著者は具体的な定義を参考にしている。著者によれば、エスニック・グループとは文化集団の特殊な形態であり、次のような特徴を持っている。

1　エスニック・グループの起源は国民国家の創設に先立つか、あるいは国民国家の外部にある。
2　個人がみずからそのエスニック・グループと一体化することはありうるが、それは「意図的に作られた集団」ではない。
3　そのエスニック・グループは先祖伝来の伝統を持っており、集団の成員は同じ民族に帰属し、同じ運命をともにしているとの感情を共有している。
4　そのエスニック・グループには固有の価値体系、行動の規範、関心の的となるものがある。
5　エスニック・グループの存在は集団の成員の生活に影響を及ぼす。
6　エスニック・グループへの帰属はその成員が自分たちを規定する手法によるとともに、他者によって規定される手法にもよる。

このような定義によって、同じ名称のもとにさまざまな集団を包摂することができる。ある集団は（アフリカ系アメリカ人のような）「人種」を特徴とするが、ユダヤ系アメリカ人のように文化や宗教を特徴とする集団もおり、また（ポーランド系アメリカ人のように）民族上の出自を特徴とする集団も存在する。文化集団とは、行動の枠組みやさまざまな象徴、価値観、つまり日常生活の手で触れることのできない局面によって規定されるものであり、集団によって異なる意味や解釈の対象となるような具体的な事物によって規定されるものではない。文化集団には、それを識別し、命名し、分類するための問題点や必要なニュアンス、矛盾があるが、それを踏まえて、どのようなものであれ、用語は実在の、また象徴的な意味での社会的課題や政治的課題を反映したものにほかならない。その用語は主として社会での用法を反映するもので、これはさまざまな定義やカテゴリー化から作り上げられている。

多文化教育は批判を免れないにせよ、現在ではこの概念をエスニック・グループ、文化集団だけではなく、年代別の集団、性別の集団、宗教集団といったさまざまな集団のあいだにある差異にまで拡張する傾向にある。実際のところ、学校に見られる多元性は多文化主義の当然の結果であるが、これは学校の規範という問題を排除するのではなく、それを単純化している。つまりさまざまな集団の大きさや、また社会学や文化人類学上の正当性がどのようなものであれ、学校をそのような集団に適応させてきたのである。

多文化主義をめぐるアングロ・サクソンの考え方は、歴史や政治、教育に関するフランスの伝統とは異なる伝統に基づいている。それでも結局のところ、あやまちや迷いはある見解の結果にほかならない。これと同じような課題に直面した際に、他のさまざまな国、とりわけフランスにも日和見主義や放任主義が認められる。とはいえ排斥の範囲についての選択肢に意味がないわけではない。もっとも、アメリカ人はこれについても疑問視している。たとえばA・シュレージンガーによれば、[1] これは多文化主義を追求してきた効果とは逆の効果をもたらすおそれがある。WASP（アングロ・サクソン系で白人、プロテスタント）のアメリカ人集団は人口が縮小してしまうだけに、多文化主義という運動は人種差別イデオロギーを再燃させるおそれがある。一九〇一年から一九二〇年には八五・二％だったヨーロッパ系移民は、一九八九年には一一％に減少している。[2] シュレージンガーは、教育制度のなかで自民族中心主義の波をくいとめ、アフリカ系中心主義を告発する必要があると主張している。シュレージンガーによれば、自己の抑圧を公言することは社会的地位を獲得する手段になったのである。[3] アメリカ教師連盟会長のA・シャンカーは市民性教育へ立ち戻るよう勧め、これが民主主義を強化し、社会的結束性を確保する唯一の手段であると訴えている。[4] シャンカー（1995）によれば、多文化主義を集団の権利に還元してはならない。なぜなら多文化主義は市民社会を解体する危険性を孕むからである。しかしながら、民主主義を目指した教育カリキュラムは、文化相対主義を絶対的なドグマとせず、また教育を基本的価値観に基づくものとするなら

1 A. Schlesinger, *La désunion de l'Amérique* (1991), *[The disuniting of America: reflections on a multicultural society]*, Paris, Liana Levi, trad. franç., 1993.〔A・シュレージンガー『アメリカの分裂——多元文化社会についての所見』都留重人監訳、岩波書店、一九九二〕
2 *American Studies Newsletter*, septembre 1991.
3 A. Schlesinger, *Le Monde*, 27 avril 1993.
4 A. Shanker, « De l'importance de l'instruction civique », in *The Washington Times*, 1995.

ば、多文化主義を統合することができると考える。

多文化主義を疑問視することは、とりわけ「逆差別」を告発することに認められるように、何らかの行き過ぎをなくすものでもない。現在では、差異の論理は共通のアイデンティティの追求との関連で考えられている。このような動きは多文化主義政策を採用していないヨーロッパのいくつかの国、とりわけフランスに認められる。多文化主義をめぐる議論は開始されたのだが、現代社会の根本的な問題、すなわち社会政策や政治、教育でどのように文化的多様性を扱うのかといった問題がなくなったわけではない。

Ⅲ　限界と展望

1　文化本質主義、さまざまな文化の承認を求める「幼稚な病」

多文化主義はさまざまな集団間の関係という問題を解決することもできなければ、社会の治安を確保することもできなかった（ときどきエスニック・グループに起因する暴力事件が発生している）。このような社会モデルは現在のところ、歴史や人口の発展の圧力を受けて疑問視されているだけでなく、とりわけ社会的結束性の点で失望させるような結果を招き、行き詰まりも見られることから問題視されている。限界や矛盾、失敗などには以下の五点がある。

① 拒絶や排除といった行動の強化

集団に基づくカテゴリー化を行うことは境界を作ること（集団を包摂するか、排除するか）になり、したがって排除のおそれがある。社会階層や文化階層の論理は負のイメージを与える場合に、ことのほか忌避の方略、さらには排斥の方略の原因となり、これはのちに社会の分裂を減らすと考えられている社会保障政策や教育政策と対立することとなる。集団をことごとく命名し、カテゴリー化することは、集団間にある距離を縮めるどころか、維持することになる。一方で集団のカテゴリー化を行い、他方で集団間の距離を緩和するために関係改善の行為を行うことは逆説的で矛盾する措置である。関係改善の行動は結局のところ効果をもたらすわけではなく、知的および倫理的な観点からの整合性が問われる。フランスでの「優先的教育地域（ZEP）」[1]は実際のところ、このような実践から生まれた形態である。集団をアプリオリに規定することは、（社会、エスニック・グループ、文化、心理学など）その定義の基準がどのようなものであれ、差別というプロセスを生むもので、求めている成果に反することになる。

多文化主義は差異を承認するにせよ、実際のところ集団や個人がともに居住し、ともに存在するという社会構造にとどまる。個々人は、他者と対立する自己の差異を大切にするが、せいぜい消極的な対立にとどまる。このような社会構造は潜在的に衝突を含んでいる。というのも不平等な関係は問題視されないた

1　訳注：優先的教育地域（ZEP）とは、教育や社会福祉について困難な地域にある学校を指すもので、一九八一年に法制化され、二〇一四年からは「優先的教育ネットワーク」（REP）と名称が変更された。

めである。象徴的であれ、現実のものであれ、ある地位を個々人に割り当てたにせよ、経済的不平等の問題は解消しない。それでも、機会均等の名のもとに差異の承認は制度化されたのである。

最大の難点は、個々人の発展や、社会活動の中で承認され、認められるために導入されたプロセスや方略に着目することではなく、それらを理解することにある。集団の特徴を強調することは、文化の現実性を喪失させ、抽象化を招き、集団を疎外化し、さらに特徴を強調することの極端な形態にほかならないゲットー化の危険を孕む。

②社会階層の流動性の制限

社会的流動性が制限されるのは集団に閉じこもるためである。固定化された社会とは社会階層の流動性がもはやありえない社会である。したがって、これに対する回答は、より多くの集団を認め、より多くの集団を固定化し、集団としていっそう閉じこもることではない。というのも実現しなければならないのは、まさにこれと反対の打開策だからである。さらに集団は絶えず変化している。地元民や移民、移民の子孫、外国人労働者、少数言語話者、地域の少数者など異言語話者の定義は、歴史や政治、経済、社会の変動に応じて変わる。移民としてやってきたからといって、終生にわたって「移民」や「第二世代の移民」などのカテゴリーにあてはまることにはならないのだ。

③ますます多彩に、また多形態になる集団や文化の特性が隠蔽するもの

多元性とは、多元的で複雑な概念で、多様な形態の現実を包含する。多元性は移民や欧州統合、言語的多様性、宗教的、文化的多様性、地域の多様性などに結びつき、さまざまな用語で表現される。同様に多元性はその場の住民や集団のあいだで築かれる関係や、政治、経済、社会、あるいは宗教の文脈によって変わるもので、多元性の課題は多かれ少なかれ深刻に提起され、重大で、ある程度はかなり喫緊の性質をもつと考えられている。これは教育政策そのものの中核にあるし、またあらねばならない。アフリカや東ヨーロッパ、西ヨーロッパ、アメリカ合衆国などでは、国や文化を共有する区域によって課題が異なっている。空間に応じて変化が見られるだけでなく、時代の変化に応じて変異も認められ、アメリカではとりわけ文化的多様性に関連した政策は定期的に検討されている。

現代社会は文化的多様性の影響を強く被っているが、これはさまざまな文化集団を単に加算したものではなく、差異を加算したものでもない。一人ひとりの個人は「固有の文化」や、固有の言語を生きているが、他の言語や文化に基づいて自己表現をすることもできる。[1] これは言語の「タギング」[2] と呼ばれるもので、「バイリンガル・スピーチ」とも「コード・スイッチング」とも呼ばれる。

---

1 M. Abdallah-Pretceille, « Langue et identité culturelle », *in* revue *Enfance*, Paris, PUF, n° 4, 1991.

2 J.-P. Goudaillier, « Pratiques langagières identitaires des cités contemporaines », *in* G. Langouët (dir.), *L'état de l'enfance en France*, Paris, Hachette, 1997. 訳注：タギングとは街の壁などスプレーで書かれた文字と絵を融合した落書きの一種であり、ここでは複数の言語を混合するものとして使用される。トランスランゲージングの概念はこれに類似している。

ある程度は固定化し、識別できる共同体が存在すると考えることができるにせよ、さまざまな文化実践と集団への帰属について完全に一対一の対応関係を作ることはできない。ある集団への帰属をもとにして、個人の行動や特徴を演繹することはできない。人は複数の集団に同時に帰属し、複数のサブカルチャーに参加することもあるが、それらの規範や参照事項には必ずしも整合性がない。そのため、アイデンティティは不明瞭になり、他者のアイデンティティをアプリオリに完全に決定することはできない。

文化的に不均質な環境のなかで、個人は代替案や選択肢を、つまり社会システムのなかで矛盾する可能性を増やしている。個人は望みとあれば、出自の集団がもつ参照基準を、一時的にあるいは継続的にほかの集団から求めることもできる。これは否定しがたい変化であり、事実に基づき確定されるもので、判断を下しているのではない。多様性とはいわば個人に役立つものであり、他と異なる主体としての個人の承認に役立つものであり、また個人の自律や独立に役立つものである。

④ 文化的変数の重層的決定[1]

社会の現実は多元的なのだから、諸問題の文化的倫理的次元を考慮に入れるときも、社会学や心理学、歴史や経済面を否定するようなことになってはならない。いずれにせよ、文化決定論によって、つまり文化本質主義によって（Abdallah-Pretceille, 1986）、さらに文化事象の順応や生物学からの説明によって、社会決定論を代替することは望ましいものではない。文化決定論者のやりすぎとは社会実践や教育実践を説明するにあたり、文化の次元を徹底的に、またそればかり強調することである。他者に関する変数を強調しすぎることは、科学万能主義、すなわち社会学主義や心理学主義、さらには文化本質主義にいたってしまう(ここでの「文化本質主義」という用語を、一九三〇年代のアメリカによく見られた文化人類学での文化相対主義[2]と混同してはならない)。

文化本質主義者は複雑で多元的な次元を持つ現実を単純化してしまい、社会学や心理学、経済学、歴史学などさまざまなレベルの分析を犠牲にして文化による説明を重視するという行き過ぎにいたる。文化本質主義はものごとを単純化し、原因を一つに限る論理を組み入れている。それは文化のカテゴリー化に基づくもので、さまざまな用語や記述によって表現された解釈に対応するが、そのような用語では複雑な課題を解決することもできなければ、個別的であるとともに普遍的な主体としての他者に出会うこともできない。したがって、個別的で還元できない局面から構成されたリストに陥らないようにすること(このようなリストは文化の特徴を追求することによって生み出される)、また文化本質主義のような壮大な理論に陥らないようにすることが望ましい。ちなみに文化本質主義の理論は一対一の意味対応を強調しており、さまざまな行動を証明するものとして文化を提示している。

---

1 訳注:フランスの哲学者L・アルチュセールの用語で、矛盾の存在条件をその複合性や構造性、不均等性に求める考え方。

2 訳注:プレッツェイユは文化本質主義と一九三〇年代から五〇年代までアメリカで展開した文化相対主義のいずれに対しても culturalisme の用語を使用している。

決定論者や因果論者は、振る舞いや行動はもちろん、失敗や困難さをも説明する地位を文化に与えてしまう。そこでの成功は、共通の帰属たる人類によるものと考えることが多く、これとは反対に失敗は文化やエスニック・グループの特性によるものとする。このような意味で、文化本質主義は環境や集団、個人を固定化することにつながる。これはラベリングや距離の正当化、さらには排除を引き起こすのである。

⑤ 自律の放棄

個人の特性を犠牲として、集団への帰属が個人を決定する、さらにはそれを重層的に決定するとの考え方は、依存や無責任化の形態を発展させることになる。[1]

2 共同体主義から共同体へ

差異を先鋭化したり、たとえば国勢調査にあたって少数者集団みずからが集団のカテゴリーやアイデンティティの規準に異議を唱えることによって、多文化主義のモデルが疑問視され、さらにはさまざまの点から異議を唱えられることになった。

① あらゆる形態の少数派への開き

アイデンティティをめぐる政治は、フェミニスト、同性愛者、障がい者、さらにはヨーロッパに生まれた「白人」といった他の少数者にも開かれている。差異の領域をこのように拡大すると、逆説的なことに差異の概念そのものが弱体化してしまう。

②個人ならびに集団を考慮に入れる

G・ドゥヴルー（1945）は他の研究者に先がけて、人格をアイデンティティに還元してはならないと強調していた。この考えは、中でもS・C・ロックフェラー（1992）の分析を通じて社会や政治、教育の分野で再確認されている。民主主義の観点から見ると、人間のエスニック・アイデンティティは根本的なアイデンティティではないとロックフェラーは主張する。

③普遍主義的展望への回帰

多文化主義モデルは、普遍性の原理が再び見いだされたため疑問視されるようになった。ロックフェラーは、[2]多様性をめぐるリベラル民主主義の価値観は個別の文化や集団を保持するだけでは守り通すことができないとみている。ロックフェラーにとって、民主主義やリベラリズムの擁護は、普遍主義の観点

1　T. Todorov, « Du culte de la différence à la sacralisation de la victime », in *Esprit*, juin 1995.
2　S. C. Rockefeller, Commentaire du texte de C. Taylor : « La politique de reconnaissance », in *Multiculturalisme. Différence et démocratie* (1992), Paris, Aubier, 1994.〔S・C・ロックフェラー『マルチカルチュラリズム』佐々木毅・辻康夫・向山恭一訳、岩波書店、一九九六〕

に立たねばならない。M・ウォルツァー（1992）は普遍主義の二つの形態に言及し、これはリベラリズムの二つの形態に対応している。第一の形態は国家の政治的中立性に基づくもので、国家は個別文化や宗教の伝統と一体化しないようにしている（これは宗教と国家の分離の原則である）。第二の形態は、すべての市民の基本的権利が擁護されること、公共の文化的価値が受け入れられるために利用される人が誰もいないこと、またすべての組織がこの政策を実際に実施するとの条件のもとで、国家は個別の文化的価値を支援することである。さらに、それぞれの文化集団が自分たちの望むように自由に集団を組織化するのであれば、その集団は個別の文化計画を支援し、承認するよう国家を巻き込むことはできないし、またそれを行ってはならないと、ウォルツァーは強調する。

④ **血縁関係ではなく加入による帰属**

D・ホリンガーは、血統や歴史に基づくエスニックのカテゴリーを乗り越えて、合意に基づく共同体に置き換えるよう提唱しており、[1]「根を下ろしたコスモポリタニズム」に言及している。

⑤ **共通の価値観の再確認**

共同体はそれぞれのイメージが基本的権利に反しない限りでそのイメージを振興することができるし、また振興するよう勧められている。ケベック州はこの点で「共通の公共文化」という概念を提唱している。

あらゆる現代社会に課されている中心課題とは、差異主義や同質化をもたらす普遍主義に陥ることはなく、多元性や多様性をどのように考えるのかということである。社会的結束性を損なうことなく差異をどのように取り扱うことができるだろうか。さまざまな差異の階層化や増加の危険性と同時に、行き過ぎた相対主義によって社会システムの力を奪いとってしまう危険性を避けうるような多元性の理論をどのように構築することができるか、これが課題である。

1 D. A. Hollinger, *Postethnic America. Beyond Multiculturalism*, New York, Basic Book, 1995.〔D・ホリンガー『ポストエスニック・アメリカ――多文化主義を超えて』藤田文子訳、明石書店、二〇〇二〕

第三章　異文化間主義[1]の捉え方

ヨーロッパではアングロ・サクソン型モデルであろうと、フランス型モデル（『フランスという坩堝』というモデル）やさらにはまた異文化間教育モデルなどであろうとも、多文化主義や異文化間主義のモデルはイデオロギー面で均質性の高い社会に該当する。なかでもフランスで異文化間研究という選択肢が発展してきたのは、多文化主義の伝統とは根本的に異なる哲学や歴史の伝統が存在するためである。フランスにおいて啓蒙主義哲学や普遍主義の原則が重視されているのは、フランスでは多文化主義が文化的多様性という課題を解決するための考察や自発的行動と関係のないものとなっているためである。ちなみに、普遍性の原理はフランス法の伝統に結びつくもので、少数者の存在を認めていない。知的分野での影響や流行といった単なる現象だけではなく（これはつねにありうることだが）、多文化主義と異文化間主義のあいだに結びつきは存在するのだろうか。異文化間主義は単に単語の意味を取り繕っただけなのか、それとも根本的な展望の変更なのだろうか。

「異文化間」という用語は現実の社会政策や教育政策に直接に組み入れられており、これは一九七五年にフランスの学校教育のなかであらわれた（本書一二二頁「I 外国語としてのフランス語と現代語」参照）。

この用語が適応される領域はその後すみやかに広まり、移民との関連において社会の機能不全や危機的状況に結びつくものへと拡大していった。「異文化間」は非営利団体の人々に広く取り上げられ、その後、少しずつ社会福祉の分野でも取り入れられるようになったが、これには多様な分野で論じられ、また指向性も多様化してきた。この用語が重視されるようになったのは現場であり、また行動を通じてのことである。こうして「異文化間」は教育や社会政策でのさまざまな実践を指し示すようになったが、安定的に運用されることもなく、これは関係者だけでなく、研究の信頼をも急速に損ねることとなった。これによって、ある概念の歴史とは構成内容の領域が次第に調整されたものにほかならないことが忘れられていった。異文化間研究は実践に広く根ざした運動にもっぱら従い、フランスでは個別の研究領域を代表するものとしては、相変わらず承認されていない。たとえ「異文化間」という修飾語がいまや論文や大会、学会などに結びついていてもこれに変わりはない。もっとも、そこでの「異文化間」とは名称にすぎない。異文化間研究の初期のものは一九八〇年代にさかのぼる（L・ポルシェ、M・アブダラ＝プレッツェイユ、M・レイ、C・クラネによる異文化間研究学会）[2]。実践の分野では「異文化間」の利用が増大する傾向にあるのに

1　訳注：ここで著者は interculturalisme という用語を用いているが、これはケベックで構想されている「間文化主義」interculturalisme を論ずるものではない。あくまでも多文化主義 multiculturalisme との対比において「異文化間」interculturel の動向を論ずる。

2　異文化間研究学会（ARIC: Association pour la recherche interculturelle）は一九八四年に設立された。

対して、学術研究では低調にあり、そのアンバランスには驚かざるをえない。

異文化間研究の発展を阻害している、あまり目立たない原因の一つは、論争やイデオロギー、ユートピアの雰囲気に求めるべきであり、これが現場での初期の実践を支配していた。そもそも「異文化間」はこれまでほぼ移民という現象にのみ結びつけられ、これは脱植民化の歴史と大いに関連し、異文化間の実践形態に影響を与えてきた。そしてこの実践は政治参加や、さらには戦闘的な社会運動と混同されることが多く、実務家や社会運動関係者、教育者も、当時は「異文化間」の名のもとに議論を行い、行動した。

異文化間をめぐる運動は抵抗やタブーがあったにもかかわらず発展を遂げた。現在のところ、この概念をめぐる議論は尽きることがなく、新たな分野（商取引、法律、言語学習など）に広く展開している。しかしながら、異文化間は使用領域や研究領域がどのようなものであれ、多様な実践と、異文化間をめぐる概念や認識論上のパラダイムの創出、そしてその後の安定化のあいだで相変わらず機能停止となっている。この点については特に、M・アブダラ＝プレッツェイユの研究にもかかわらず、ほとんど知られていない。このような機能停止が続いている状態は、一方ではこれらの問題が重大で緊急かつ困難であると認識されるものの、他方では研究成果が関係者には知られていない、という逆説に至る。

I　逆説と曖昧さ

異文化間研究は実践と社会的・政治的課題の交差する場にあって、長きにわたって重厚な社会学やイデオロギー、さまざまな理論のなかで身動きがとれなくなっていた。

① 移民を反射的に、さらには移民のみを参照事項とすること

移民の問題に関連づけられる異文化間研究は、移住や文化的多様性にかかわる構造的特徴を考慮に入れなかったことで、当初より疎外化と経済情勢の影響を受けた。移民に起因する多様性のタイプに焦点をあわせたことから、多様性にかかわる他の形態や多様性にかかわる移民とは異なるプロセスは隠されてしまった。つまり、欧州統合や国際交流の増加、日常生活のグローバル化、性にかかわる文化、世代別の文化、メディア文化、職業文化、地域文化などが隠されてしまったのである。[1] このような意味で、異文化間研究はこれまでのところラベル付けの作業として機能しており、現在もそのような機能を保っている。移民問題こそが重要であり、移民として記録され、カテゴリー化されることが重要であるかのように考えられている。（ちなみに、サルトルはユダヤ人問題で次のように述べている。「一般に拡がっている考えとは反対

1　M. Abdallah-Pretceille, L. Porcher, *op. cit.*, 1986.

に、反ユダヤ主義を引き起こすのはユダヤ人の性格ではなく、その逆で、反ユダヤ主義がユダヤ人を作り出してきた」[1]）。これと同じように、移民問題こそが移民というカテゴリーを正当化するのである。[2]

「異文化間研究」と「移民」は渾然一体となっているため異文化間研究の信頼は失墜してしまい、その結果、異文化間研究は人を不安に陥れ、劇的であるとともに破局的な見解にあまりにも深く結びついており、これが移民に関する言説の特徴となっている。フランスの研究者や社会運動の関係者はいずれも、移民という分野を教育研究の正式の領域にしなければならないと考えている。この点について（実用性や効率性を重視する）差異主義者と（まさに個別主義に結びついた逸脱を重視する）普遍主義者のあいだには断絶が生まれ、その二つは寸断されている。

② 差異を論ずる言説とは逆の不信感や疑念

異文化間研究をめぐる用語法は、強力な法的歴史的伝統[3]と、変動するとともに困難な政治、経済、社会情勢（移民の公的な受け入れ停止、失業者の増加、エスニック主義、宗教的原理主義、民族主義、共同体主義、宗教以外の原理主義などの高揚）とのあいだに挟まれており、そこには以下の点にみられるような慎重さとためらいが認められる。

1 「編入」「統合」「同化」といった用語が一貫性なく使用され[4]、また区別することなく使用されている。

2　一連の単純化（実際の移民は多元的で複雑であるのだが、逆説的なことに単数形で理解されている）
3　混同（混同されている「移民」と「外国人」）
4　矛盾（「外国人は統合されねばならない」。[5]障がい者は統合されねばならないなど、「統合する」という動詞は他動詞や代名動詞の双方の形で使用されている）

1　J.-P. Sartre, *Réflexions sur la question juive*, Paris, Gallimard, 1954, p. 173.〔J＝P・サルトル『ユダヤ人』安堂信也訳、岩波新書、一九五六〕

2　H. S. Becker, «Le déviant n'est rien d'autre que celui à qui cette catégorie est appliquée», in *Outsiders. Etude de sociologie de la déviance*, Paris, Métailié, 1985 (éd. orig., 1963); O. Milza, *Les Français devant l'immigration*, Bruxelles, Complexe, 1988 ; M. Abdallah-Pretceille, «L'éducation interculturelle en France, du devant de la scène aux coulisses», in *Migrants-Formation*, Paris, CNDP, n° 102, septembre 1995.

3　G. Noiriel, *Le creuset français*, Paris, Le Seuil, 1988.〔ジェラール・ノワリエル『フランスという坩堝《るつぼ》――一九世紀から二〇世紀の移民史』大中一彌・川崎亜紀子・太田悠介訳、法政大学出版局、二〇一五〕

4　Rapport du Commissariat général du Plan, *Immigration, le devoir d'insertion*, sous la direction de S. Hessel, 1988; Rapport du Haut Conseil à l'intégration, *Pour un modèle français d'intégration*, 1990 ; création en juin 1991 d'un ministère des Affaires sociales et de l'Intégration.

5　訳注：「統合する」という動詞について「外国人は統合されるに違いない」les étrangers doivent s'intégrer のように代名動詞を使うと、外国人が自然に統合することを伝えているが、「障がい者は統合されるに違いない」les handicapés doivent être intégrés. のように受動態を使用すると、あたかも外国人は自然に統合されるのに対し、障がい者は第三者によって統合されることを伝える。移民に対して être intégré と s'intégrer を区別するこ

さまざまな解釈が試されるものの、実践や言説は変わらぬままである。[1]

③ 不安定な用語

「普遍性と普遍主義」、「多元性と多元主義」といった用語は同義語として使用されており、用語の意味は不明確なだけではなく、社会学や政治的に根本的に異なる選択肢を指示している。第一の解明のポイントは当初の用語法を参照することであり、とりわけ精神医学の枠組みで使われてきた用語法を参照することである。[2] 文化精神医学は民族の個別性を考慮し、さまざまな精神病理学のプロセスを組み立て、またそこからある社会集団を構築するプロセスとなる。越境文化精神医学は比較研究に基づくもので、精神病の本質や頻度について差異を研究する。文化超越精神医学は、かくかくしかじかの文化の個別的な内容に応じることなく、文化の普遍的カテゴリー、すなわち文化変容のプロセスに応じて精神障害を理解し、治療を試みる。「越境型《トランス》」文化研究と「異文化間型《インター》」文化研究は混同されるが、このことは比較研究を指示するクロスカルチュラルスタディーズの翻訳を通じても説明できる。越境型文化研究は文化研究の枠に収まりきれないのである。

社会政策ならびに教育政策については、L・ポルシェ、M・アブダラ＝プレッツェイユおよびM・レイの考察や分析を参照する必要がある。[3] 一九八〇年代から、多様性の概念とはある環境を参照するとの同意ができあがった。（文化や政治、労働組合や宗教に関連する）多元主義や（文化的差異の承認に注目した多元主義のアングロ・サクソン型のヴァリエーションである）多文化主義は、多様性を論ずるうえで考えられる手法にほかならない。その場合、はっきりと識別されたいくつかの実体を承認し、共存することが強調されている。

「異文化間 intercultural」の接頭辞 inter は、集団や個人など、さまざまなアイデンティティのあいだを関連づけ、そのあいだの相互関係を考慮に入れることを示している。そのため、複文化（pluricultural）や多文化（multicultural）が現実の確認にとどまるのに対して、異文化間（intercultural）は何らかの動きにかかわるもので、客観的な現実に対応するものではない。分析こそが、研究と分析の対象とされているものに「異文化間」性を付与するのである。たとえば対象の性質に応じて、異文化間教育と呼ばれたり、異文化間コミュニケーション、異文化間関係などと呼ばれることもあるが、このような概念は異文化間ア

となく使用すると、移民に対する視点に矛盾が生じてしまう。

1 J. Costa-Lascoux, *De l'Immigré au citoyen*, Paris, Notes et études documentaires, La Documentation française, n° 4886, 1989 ; D. Schnapper, *La France de l'intégration. Sociologie de la nation en 1990*, Paris, Gallimard, 1991 ; M. Abdallah-Pretceille, *Quelle école pour quelle intégration ?*, Paris, CNDP/Hachette, 1992.

2 G. Devereux « Normal et anormal », in *Essais d'ethnopsychiatrie générale*, *op. cit.*, 1956 ; F. Laplantine, *50 mots clés de l'anthropologie*, Toulouse, Privat, 1974.

3 L. Porcher, *L'Éducation des travailleurs migrants en Europe. L'interculturalisme et la formation des enseignants*, Strasbourg, Conseil de l'Europe, 1981 ; M. Abdallah -Pretceille, *Eduquer et former en contexte hétérogène. Pour un humanisme du divers*, Paris, Anthropos, 2003 ; M. Rey, *Former les enseignants à l'éducation interculturelle*, Strasbourg, Conseil de l'Europe, 1992.

プローチ（本書七九頁「普遍性と個別性のあいだの緊張関係」参照）を通じて把握するという条件のもとでのみ正当なものとなる。「異文化間社会」や「異文化間対話」は本当のところは用語の濫用にほかならない。というのも、それらは対象と対象に関する分析を混同するからである。「異文化間」という形容詞を政治計画や社会計画にあてはめることもまた用語の意味を変化させることになる。というのも、社会の多元性を認識することが重要なだけではなく、これと同時にそれをどのように考慮したのかを明らかにすることも重要だからである。見解の相違は主としてこのレベルに位置づけられる。

④ イデオロギーのプレグナンツ

異文化間活動は移民の日常生活に深く根ざしており、文化やアイデンティティ、エスニック、文化アイデンティティ、エスニックアイデンティティといった概念などをめぐるイデオロギー論争の中核にあることが多かった。「異文化間」という用語はさまざまな概念から切り離されることが多く、活動や要求を正当化するために使われ、このような意味ではイデオロギーに該当する。「異文化間」に現実性がないと考える形態の一つは、異文化間教育などの実践を理想的な社会に貢献する活動と考えることであり、そのような社会では（文化的に異なると自覚したり、異なると自称する）集団や個人のあいだでの接触に内在している争いが解消してしまうと考えることなのである。この場合、異文化間社会、異文化間対話、異文化間関係は理想に匹敵するものとして語られている。この場合、現在では実現しがたい欲求を未来に求めるあり方として、ユートピアを定めることになる。移民という現象に応えるため、「異文化間」という用語のもとグローバル社会で行われている活動は、そのような点でR・ブードンの与えるイデオロギーの定義に該当するか、[1]またユートピア症候群に該当する。[2]ユートピア症候群は三つの形態をとる。「摂取型」[3]の形態では、ユートピアを目標として仮定する行為がある状況を生み出し、そこで目標に到達しえないのは本質的にユートピアのためであると考えるのではなく、主体には目的に到達する能力が欠けているためであると考える。第二の形態でユートピアを追い求める人はユートピアへ向かう変革が実現できないことを非難することなく、その手法や歩みにこだわり、行程の困難さを強調するものの、到着を強調することはない。第三の形態は「投影型」のもので、真理を発見したと確信し、真理を広めたいといった精神に依拠している。

---

1 R. Boudon, *La place du désordre*, Paris, PUF, 1984 ; *L'idéologie. L'origine des idées reçues*, Paris, Fayard, 1986(「イデオロギーは解釈の現実的な解釈に基づくか、現実離れをした説明それ自体の現実的な解釈に基づく」), p. 19.

2 P. Watzlawick *et al.*, *Changements, paradoxes et psychothérapie*, Paris, Le Seuil, trad. franç., 1975 (éd. orig., 1973).

3 訳注:自我が対象やその属性を取り込んでわがものとすることで、防衛機能や自我理想への同一化の機能として働く。

⑤過度に感情を投入すること

対象となる人々の社会的、歴史的特徴をみると、異文化間教育の実践にあたり感情的要素を強調し、さらには「異文化間問題の運動家」といった形態を発展させていることがわかる。移民は経済力や政治力などにかかわる人質として、人々の幻想や罪滅ぼしのための「特権的な場」であったし、また今もなおそうあり続けている。移民はホスト国に内在する社会問題や経済問題に対するはけ口そのものになっているため、移民によってある種の悪魔払いが行われる。つまり移民は容易に見分けがつくとともに、自己防衛のためには脆弱な手段しか持っていないことから、社会問題は移民のためであると責任転嫁をされてしまう。また異文化間という名称のもとに行われるさまざまな活動は情緒的な影響を強く受けていることが多く、そのため同語反復的な行動に陥っている。つまり、それらの活動は意識的であろうがなかろうが、活動家そのものの代弁となっているのだ。

⑥文化本質主義モデルによる支配

いわゆる多くの「異文化間」研究は明らかに実証研究的観点に立っている。個人や集団を一連の文化から見た因果関係に落としこむことによって、研究者は記述や解説、さらには規定のレベル（ある場所や行動を割り当てること）にとどまっている。文化本質主義モデルは、直線的な因果関係と決定論といった考え方の影響を受けた学問の長い伝統に基づいている。その「力」は明明白白な説明に認められるとともに、社会面や政治面で多く使用されていることにも認められる。こうして、われわれは生物学的決定論から文化本質主義的決定論へと移行するし、それは「文化の人種化」の形態にたどり着く。[1] この移行は隠されているものの、残念なことに現実のものとしてある。しかしながら一九八六年以降にM・アブダラ＝プレッツェイユの提起しているような意味での異文化間性のパラダイムは、これとは異なりこのプロセスを逆転するのである。

秩序としての文化、システムとしての文化という観点を受けて、行動としての文化、コミュニケーションとしての文化という観点があらわれる。個人はもはやその文化から産出されたものではなく、文化を構築し、さまざまなニーズや（歴史や政治、経済などの）事情に応じた多様な戦略とのかかわりにおいて文化を作り上げる。このようなプロセスは多元性の影響を受けた環境にあって、環境に応じて文化の源泉や参照を増やす。このような点で、異文化間研究の目指す方向は文化的多様性を分析するためのもう一つの方法であるのだが、それも文化を状態として考えたり、独立し均質な実体と考えるのではなく、文化を複雑で（差異ではなく）変動する論理に従って、また「生成科学」に従うプロセスとして考え、[2] 相互行為として考えるのである。

1　M. Abdallah-Pretceille, *op. cit.*, 1986; P.-A. Taguieff, *La Force du préjugé*, Paris, La Découverte, 1987.
2　G. Balandier, *Anthropo-logiques*, Paris, Librairie générale française, 1985.

Ⅱ　異文化間研究のパラダイム――研究や実践の成果

異文化間研究は初めから知と行動の境界に位置づけられている。これは社会政策の次元と学術の次元を組み合わせているとともに、考察と行動を緊密に組み合わせたものに基づいている（これは理論と実践という「従来の」不毛な二分法を再び取り上げるものではない）。異文化間研究はその始まりから現場を最大限に重視してきたが、理論的次元ならびに実践の次元においても研究がさらに成熟するため、現場第一主義は次第に弱まっていった。いまや、異文化間研究はT・S・クーンやR・ブードンの述べた意味でのパラダイムとして規定されている。つまり異文化間研究は「合意基盤を構成する一連の提案をもとに」規定されるのであり、「研究の伝統はそこから発展する」[1]のである。

第一の定義の軸は、異文化間研究のデータを構成されたデータと考えることに基づいている。異文化間研究は言説として、[2]また問題系として、[3]アプローチとして考えられることから、独自の疑問の形態に属するものであり、応用にかかわる個別の領域に属するものではない。「言説」という概念は言語学上の厳密な意味に従って理解すべきではなく、いわば方法として、疑問の様式として理解すべきである。言説という概念は学説や理論といった、厳格すぎる評価基準を生み出しやすい概念より柔軟である。方法という概念は異文化間研究を方法論上の道具に、なかでも比較の道具に還元してしまう点があり、危険である。この点で異文化間研究は、理論的構築物としての哲学ではなく、現実の経験として規定される意味での哲学を背景としなければならない。絶対的なイデオロギーや政治が衰退するなかで、哲学は人文科学へと回帰しつつあり、このような回帰は異文化間研究の枠組みにおいて根本的なものなのだ。

異文化間研究（異文化間主義）は特定の対象を定めることもなく、新たな学問領域に展開するものでもないが、さまざまな環境や課題の文化にかかわる次元を考慮に入れている。それも付帯現象としてではなく、まして唯一の中心的な変数でもなく、厳密な分析の原理に従って文化にかかわる問題を考察するのである。このような意味で異文化間研究は哲学（現象学）や社会学（理解社会学や相互行為論）、文化人類学（近代性の文化人類学、相補性理論）、社会心理学（表象やカテゴリー化）などから借用のうえに位置づけられる。分析やその伝統を個別のパラダイムへ収斂させることは「不安定な主題」を発生させるといった考え方や、[4] M・フーコーの表現に従うならば、「エピステーメ」という考え方[5]を強化させることになる。

1 R. Boudon, *Effets pervers et ordre social*, Paris, PUF, 1979.
2 M. Abdallah-Pretceille, *op. cit.*, 1986.
3 F. Jullien, *Procès ou création. Une introduction à la pensée chinoise. Essai de problématique interculturelle*, Paris, Le Seuil, 1989.
4 G. Gusdorf, *Introduction aux sciences humaines*, Paris, Les Belles Lettres, 1960.
5 M. Foucault, *L'archéologie du savoir*, Paris, Gallimard, 1969.〔ミシェル・フーコー『知の考古学』慎改康之訳、河出文庫、二〇一二〕

1　概念と認識論の軸

・現象論から見た源泉

異文化間研究は個別的であるとともに行為者でもある主体を解釈し、認識するにあたり主体に一つの地位を与えるが、それは（主観主義ではなく）主観性に特別な地位を回復させることになる。主体と個人の区別は哲学的概念と社会的実践の区別に一致する。異文化間研究は主体の哲学、すなわち現象学に基づくもので、それは主体を自由で責任があり相同するものからなる共同体に組み入れられた存在の概念として構築する。[1] 異文化間研究のアプローチは客観主義者や構造主義者の観点とは関係がない。というのも、異文化間研究のアプローチは主体そのものによる文化の産出や、主体が展開する戦略にかかわるとはいえ、主体がこのことをつねに意識していると前提にすることはできない。

日常生活が国際化したことから、個人が帰属文化によって規定されることはますます少なくなっている。個人とはその文化の生み出したものであるのみならず、むしろその文化の行為者なのである。文化は個人の行動を決定する力を失った。というのも、子どもは生まれたときから、不均質で多元的な環境のなかで暮らしているからである。したがって子どもは異なる参照事項や習慣の存在を無視することがない。文化的多様性の影響を受けた集団のなかで生活し、社会化するのである。子どもの文化的選択肢は実に広い射程のもとに行われ、他の集団の振る舞いや習慣、規範から借用を行うこともある。そこで人はその出身がどのようなものであれ、その帰属意識を多様に、また豊かな表現力をもって表明することができる。いわゆる出自のアイデンティティが消え去ることはないが、生活のあり方やその表現はいっそう多様化している。主体に優先権を与えるとは個人主義に戻ることでもなければ、自己中心主義に戻ることでもない。またこれは主観主義を復活させるモナドとして主体を捉えることではなく、むしろアイデンティティと他者性の弁証法に結びついた、合理的であるとともに多極的な考え方なのである。これはまた環境や構造の影響を否定することではなく、体系としての文化は、文化に活力を与え、また文化を変容させる行為者によって担われている限りで存在するのである。[2] 主体や行為者の観点を導入することは、自己中心的という意味での個人主義の理論を復活するよう勧めるものではない。むしろ個人がみな組み入れられている主観主義のネットワークを考慮に入れることなのである。「個人の復興」と個人主義の形態の発展を混同する必要はない。個人に中心的な場が与えられることは、フランスの哲学や歴史学、法学の伝統と無関係ではなく、この伝統はとりわけアングロ・サクソンの世界ではなく、フランス語圏の世界に異文化間研究のモデルが発生していることによって一部は説明される。

異文化間研究は媒介としての現象学や文化本質主義に頼らない限りで知識に依拠するものの、文化「現象」研究の次元にとどまり、観察されうるものと観察者のあいだに因果関係や付与関係を確立しようとはしない。これはある意味で説明を拒否することであり、少なくとも説明を中断することである。現象学に

---

1 M. Abdallah-Pretceille, L. Porcher, *op. cit.*, 1986, 1996.
2 R. Bastide, *Anthropologie appliquée*, Paris, Payot, 1971 ; M. Crozier et E. Friedberg, *L'Acteur et le système*, Paris, Le Seuil, 1977.

よってわれわれは、文化に基づく振る舞いはアプリオリに何事かを意味するものではなく、文化には体系的に説明をする価値があると考え、文化をただちに、また自然に理解できるとの考えをとらないとの原理から出発する。文化全般に関していえば、文化本質主義は（社会学中心主義、心理学中心主義、歴史学中心主義のような）他の分野に見られる二次的な解釈と同じ意味がある。現象学者によれば、文化とは、客観的に把握できるような、それ自体としての社会的実在ではなく、一つの体験であり、意味を再構築しなければならない。したがって、異文化間研究とは文化という概念の意味の中核を探求する研究となる。そのため、異文化間研究は方法としてではなく、本質的にはアプリオリに構築された理論という意味での存在論ではなく、他者との関係を観察し、それを解明するに従って次第に構築される存在論なのである。

・間主観性と相互作用のネットワーク

「私」の復権や「行為者の復権」[1]は「あなた」の復権を正しいものと認めることになる。ここでの「あなた」とは私を成立させるための関係的条件なのである。[2]他者性が関係に先立つのであって、関係が他者性に先立つのではない。差異の論理は他者性を固定することにより計量化を試みるものだが、異文化間研究の言説は人間にかかわるコミュニケーション・アプローチという意味での相互行為に着目する。[3]G・バシュラールの表現を用いれば、「局所的決定論」に組み込まれた概念のなかには相互行為論が認められる。相互行為という概念は文化や文化アイデンティティを定義するうえの中核となる。E・ゴッフマンによれば、相互行為とは文化がその上に基盤を定めるシステムなのである。[4]これは領域を越える概念で、さまざまな分野に認められ、なかでも社会心理学や文化人類学、語用論、の領域にも認められる。

相互行為論は心理学にも見られ、そこでの傾向は直線的な発展というよりも相互行為を重視する。また、ミクロ社会学の発展に伴った社会学にも見られるが、それだけでなく、社会規範からの逸脱に関する相互行為論のアプローチを取り入れた社会学、さらに表象分析を取り入れた社会学にも相互行為は認められ、社会的行為者が聴衆の前で自分自身を表現する際の分析や、自己表現や「日常生活の演出」の研究が行われている。異文化間研究の問題系はこのような相互行為分析に直接に結びついている。

あらゆる行為は、人間の関係性に基づくものであれ、情動性、実用性、あるいは象徴性に基づくものであれ、主体と個人の軸を交差させる間主観性や相互行為のネットワークに組み込まれている。このような哲学的社会学的位置づけは客体に関すると同時に、観察者に関する問いかけをもたらし、また「私」に関すると同時に「あなた」や「彼ら」に関する問いかけをもたらす。したがって他者を問題とする行為は自己を問い直すことと表裏一体をなしている。異文化間的アプローチは他者を意味作用のネットワークに閉じ込めることによって特定することを目的とするものではなく、自民族中心の基準をもとに一連の比較表

1 A. Touraine, *Le retour de l'acteur*, Paris, Le Seuil, 1983.
2 F. Jacques, *Différence et subjectivité*, Paris, Aubier Montaigne, 1982.
3 M. Abdallah-Pretceille, *op. cit.*, 1996.
4 E. Goffman, *Les rites d'interaction* (1967), Paris, Minuit, 1974.〔アーヴィング・ゴッフマン『儀礼としての相互行為——対面行動の社会学』広瀬英彦・安江孝司訳、法政大学出版局、一九八六〕

を作り上げることを目的とするものでもない。それは個人間の関係を強調するものであって、均質な実体として捉えられた文化を強調するものでもない。

このような観点から見ると、文化的差異は静的な特徴を持つ客観的所与として定義されるものではなく、相互に意味を生み出す二つの実体間の動的な関係として定義される。[1] 関心は動態や戦略、操作に向けられているのであって、構造や専門用語、カテゴリーに向けられているのではない。他者は対立において重要なのではなく、主体への介入において重要であることから、コミュニケーションや交渉、さらには集団と個人のあいだの争いを管理するための研究法を重視する方針が採られている。

異文化間という単語に含まれている「間」(inter)という接頭辞はわれわれが他者をどのように見ているか、お互いがそれぞれをどのように見ており、知覚し、他者に自己を提示しているかを指し示している。このようなものの見方は、他者や自分の特徴に依拠するものではなく、私と他者のあいだに結ばれた関係に依拠するのである。逆説的なことに関係性こそが、他者によって与えられた、あるいは自分自身が与えた文化的特徴を証明するものであって、文化的特徴が関係性を証明するものではない。移民に関してフランス人が語った文言をざっと検討すると、語られた日時や対象となる移民集団がどのようなものであっても、そこで述べられている特徴や非難はいつも変わらないことがただちにわかる。文化的差異は何らかの現実に対応するものではなく、個人と集団のあいだの関係性にかかわるのである。つまり否定的で敵対的な関係とは、ある文化やさらにはある宗教への帰属によって説明されるものではない。文化的なものの知覚にあたって関係性の次元を重視することは知を出発点とする文化の学術的アプローチの価値を失わせてしまう。これは、ある文化に属する外国在留者が必ずしもその出身共同体の代表でもなければ、「原型」でもないためである。異文化間アプローチは相互行為を根本に措定する。他者との関係が優位を占めるべきであって、他者の文化が優位を占めるのではない。[2]

・普遍性と個別性のあいだの緊張関係

異文化間アプローチは、多様性、個別性、普遍性という三つの概念に基づくが、これは三層構造を生み出すのではなく、動的な言説や柔軟な疑問を生み出し、そこでの問いかけとは問題を特定するというよりは問題の所在を明らかにし、説明するというよりは理解しようとするものである。そもそも異文化間研究のデータとは他の学術研究のデータと同じく、一時的にとりまとめられ、不確実で不完全なものも含んでいる。文化の領域では一種の「知的なテロ」が存続しており、これは「感情的な雰囲気」に支えられるとともに、現実や経験の幻想（「私はそれを見て、経験があるからわかる」など）に基づいていることから、前述の説明が必要になる。

多様性は関係性に組み込まれることにより、他者を再び取り入れる。ところが、他者性とは普遍性の原理を承認することに基づいている。したがって、他者の完全なる個別性と、他者の完全なる普遍性とのあ

1 M. Abdallah-Pretceille, *op. cit.*, 1986.
2 M. Abdallah-Pretceille, *ibid.*, 1996, 1998.

いだにバランスを見いだす必要がある。他者を規定するにあたって、仮に定められた文化集団、さらには恣意的に定められた文化集団の特徴を独断で決めることはできない。他者とのコミュニケーションや意見交換をすることもなく、互いに話し合うことも、主体として表現することもなくして、他者を知ることはできない。したがって、出会いを学ぶことが目的なのであり、他者の文化を学ぶことではない。つまり他者の内にある、個別的な主体と普遍的な主体を認識することを学ぶことなのである。事物や人間、出来事の本質にまなざしを向けなければならないのではなく、それらの事物がお互いに見つめている、その見方やその紹介のあり方、その表象に目を向けねばならないのだ。他者の特徴とは「私」を反射的に映し出しているものにほかならない。それは断片や足跡の探究であり、M・マフェゾリの表現を使うならば、「多義的な効果」を探究することである。[1]

異文化間主義は普遍性と個別性のバランスをもとに作り上げられているが、これはつねに不安定な状態にある。たとえば、どのような国籍や文化であろうとも、外国の人に会うとは、外国人に会うことを意味するのか、それとも外国籍であることを特徴の一つとする人に会うことを意味するのだろうか。言い換えるならば、主体を規定するのは個別性なのか、それとも普遍性なのか。その回答によって、われわれは文化本質主義の領域にいるのか、異文化間研究の領域にいるのかがわかる。

差異とは判断や規範を前提とするもので、自民族中心的なものであり、発話者の影響を受ける。一方、個別性は動的で間主観的なものの見方に結びついている。[2]

全体性は多様なものや不均質なものをかき消し、否定する一方で、普遍性は多様なものから生まれる。

個別性は一者や個人を参照し、普遍性から多様性へ、またその反対方向へと移動する歩みによってあらわれる。個別性とは普遍性が一般性へ、また多様性が差異へとその特徴を失わないようにするものである。普遍性という観念は普遍主義の観念を含むものではない。普遍主義とは最大規模の個別性の場面にあわせて、普遍性の原理の価値をおとしめた形態にほかならない。このような意味で、フランス植民地主義は、もともとはフランス人のために考えられた政治や社会、教育の選択肢を植民地人全体に拡張しようとしたのであり、普遍性の原理をもとに構築されたものではない。

2 方法論上の方向性

異文化間研究の方法は包括的で複数の次元にかかわると定義されるが、これは力動的で複雑な異文化間研究を理解し、カテゴリー化のプロセスに陥らないようにするためである。研究者や関係者の視点を導入すると合理性や多元性に開かれた研究となる。

---

1 M. Maffesoli, *La connaissance ordinaire. Précis de sociologie compréhensive*, Paris, Librairie des Méridiens, 1985.
2 M. Abdallah-Pretceille, *op. cit.*, 1986.

・包摂的手法

記述型研究は移民や「移民の第二世代」、女性、「アラブ人移民二世」、「国際結婚のカップル」、アジア系、アフリカ系といった具合に社会構造を分断しようとする。ところが社会では迅速な変動が生じたり、(文化や社会に関する) 規範に違反したりすることから視点を動かさなければならず、これは動的ではなく変化のない記述型の研究ジャンルと折り合いが悪い。個別的に取得した数限りない要素から社会や文化を理解するときの主たる障害とは、部分的なものの見方が拡散してしまうことで、これでは複雑性も動きも考慮に入れることができない。そこで研究は状況の複雑さに遅れるのではなく、ある対象や新しいカテゴリー、新たな社会集団の捉え方につねに遅れるのである。[1] その一方で、記述型研究の手法は帰属やモデル化を行う心理学や社会学をもとに生み出されることがなおのこと多く、これは説明の観点に立つと正当化されるものの、プロセスを把握しようとする場合には効力を持たない。

記述型研究は類型論型研究や専門研究の手法を一般化し、多様化するのだが、このような説明をあまりに一般化すると分析が硬直化してしまう。そこでの分析は客観的であると見なされていることがらの確認にとどまり、決定的であると考えられている説明の要素に訴えることになる。しかしこれらの要素は複雑な状況を典型的で重要と判断されるモデル (「移民」や「郊外の若者」など) へと単純化してしまう。この場合、文化には学業の挫折や暴力を説明するために用いられる因果律の価値が与えられてしまう。これは教授法や心理学、社会学に文化本質主義を導入することにつながるものの、さまざまな変数の一つとしての文化を認識することにはつながらない。

一人の人間を理解するとは、その人についての知識や知を蓄積することではなく、一つの歩みであり、運動であり、人間が人間を相互に承認することであって、他者を考えることを学ぶことであり、他者を無にすることでもなければ、他者を支配する言説に入り込むことでもなく、他者を特定し、標識をつけることの優位性から脱却することなのだ。

方法論の観点から見ると、異文化間理解は意味を投影することの危険性や経験に基づく同語反復などあらゆる形態を避けようとしており、これは自己についての内省にいたる。[2] 他者理解を検討するとは感情的なものに入り込まず、認知的な理解を目指すことである。そこでC・ルボーは認知的理解を三つの構成要素から規定している。[3] 第一の要素は自己解釈を目指す理解の方略で、ここでは社会の構成員が作り出す意味作用の宇宙を内部から理解しようとする。第二の要素は他者による解釈に基づく学術的、歴史的な理解の方略で、そこではいくつかの文化的表現が合理的に分析され、ある学術領域や歴史的領域について文化を越えた視点が採用される。第三点は、類比的手法や文脈的手法に従って行われる批判的な相対化の方略である。

---

1 M. Abdallah-Pretceille, «L'Immigration entre la recherche et la praxie», in *L'immigration à l'université et dans la recherche*, Rapport au ministre J.-P. Chevènement, sous la direction de P. Vieille, Paris, C. Bourgois, 1989.

2 M. Abdallah-Pretceille, *op. cit.*, 1986.

3 C. Lebeau, «La compréhension interculturelle : définition opérationnelle et pertinence pour la formation des éducateurs», in *Pluralisme et école*, sous la direction de F. Ouellet, Québec, IQRC, 1988.

文化的に不均質な状況のなかで、また理解社会学や計量社会学の原理に従うと、文化の道具的機能を考慮に入れることが目標となり、道具的機能は文化の決定論的価値や行動や振る舞いを形成する価値に対立している。というよりも、文化とは、より正確に言うならば、文化の断片や特徴とは、みずからを語り、自己を照会するための道具として使われているのであって、自己についての不動の定義が定められたものではない。これは、個人や集団、出来事を絶対的なものとして文脈から切り離され知覚された文化的要素に基づいて固定化しないようにすることであり、また固定化をしてはならないと考えることである。

・相互行為論に基づく方法

異文化間研究法のもう一つの拠点は、象徴的な相互行為論のなかに求めるべきであり、これは行為者がみずからの文化に対して抱く概念を重視している。方法論の観点から見ると、研究者はみずからが研究を行っている環境に精通しなければならないし、また他方では、その現場や課題の行為者が作り上げる表象を把握しなければならない。このような研究の布置はさまざまな形態の決定論（とりわけ文化決定論）の相対化を意味するものだが、個人や集団の行動や方略に対する構造的要因（経済や社会、政治）の影響力を無視するものではない。文化的差異とは関係性のなかでのみ重要なものとなる。さまざまな問題を証明し、説明することのできる文化的要素を解釈するのが望ましいのは、人間関係の文脈を出発点としてであり、帰属やカテゴリー化の論理をもとに解釈するのではない。

文化的多様性の環境にあっては、文化に関するコードを文化的帰属をあらわす記号として解釈してはならない。というのも、個人は誰しも長期間であれ、短期間であれ、自分の集団とは異なる集団の文化にかかわるコードを借用することができるからである。文化的特徴は、記号というよりも関係性をあらわするしである。個人は他者の文化的特徴を参照することによって、関係の状態を明らかにするが、自分の帰属を明らかにすることはあまりない。この点での象徴的な事例は、学校での「イスラムスカーフ」事件だった。[1] 実際のところ、ヴェールの着用が、ある宗教に帰属しているという以上の事態を伝えることとなった。つまり文化は社会政治的に堕落した状況のしるしとなったのである。分析や文脈から切り離せば、文化事象を理解することできないし、それに意味を与えることもできない。[2]

さまざまな相手や関係者の与える行動の意味を理解することが大切であるならば、これを教育について考えると、オブザーバーやそれに相当する人、つまり教員養成者や教員、媒介者を含めることになる。異文化間研究の言説は他の文化や他者、そして自分自身の文化についての疑問の原因ともなる。これは〔構成員全体の集合としての〕「社会」[3] との関係をも考慮に入れることになる。異文化間研究の問題系を部分的にであれ根拠づけるのは、これとは反対のプロセスなのだ。

1 訳注：一九八九年パリ郊外のクレイユ市の中学校でムスリムの女子生徒が教室でスカーフをはずさないことから退学処分になった事件。事件は哲学者のエリザベート・バダンテールやレジス・ドゥブレなどが雑誌で論じたことから、ライシテやイスラームにおける女性の地位、共同体主義をめぐる大きな論争へと発展した。
2 M. Abdallah-Pretceille, L. Porcher, *op. cit.*, 1996, 1998.
3 M. de Certeau, « L'opération historique », *in* P. Nora (dir.), *Faire l'histoire*, t. 1, Paris, Gallimard, 1975.

・状況論や相補論からの考え方

文化とは、人間の実存にかかわるプラズマ[1]ではなく、歴史や経済、政治などの影響を受けた時間や空間に存在する個人によって現実化されたものである。文化的特徴はある実在を映し出していると捉えるのではなく、ある状況を反映しているものとして捉えるべきである。状況による変数（少数者の地位や権力関係など）や社会構造による変数は介入するだろうが、すでに言及した文化本質主義という逸脱に陥らないためにもさまざまな変数を切り離して考えてはならない。

不和や争いを出身文化の違いという観点から解釈する前に、文化の生まれた環境や条件、その事情について考察し、文化的変数だけに注目を向けないことが望ましい。というのも、この環境に存在する関係者はさまざまな文化に帰属しているからである。異文化間研究の分析はさまざまな文化論のアプローチとは区別されるもので、なかでもこれは複数の次元にかかわるという点で、文化本質主義のアプローチと区別される。文化的多元性をプロセスとして理解し、均質なものが加算したと理解しなければ、現場の課題に答えずに、移民や「アラブ系二世」、若者、第二世代といった標識やカテゴリー、形容詞化を通じた特定化の手続きを増やすことになってしまう。というのも、社会構造が不均質であることを理解することは、それを部分集合へと体系的かつ詳細に分割することではない。

主観的体験や相互行為、相互性、動態、プロセスといった概念は、現実の複雑な構造を理解することのできる方法論を提案するものである。したがって、分野を横断してさまざまな研究を参照することが重要となる。というのも、分野ごとの研究は静的な世界を目指すことになるからだ。異文化間研究のアプローチは多元的な意味や因果関係、視点に基づきうち立てられる。異文化間研究は知の複数分野を参照する。というのも、その潜在的な研究対象が異なる問題系に結びついているからである。異文化間研究のデータは分散しており、複数の立場だけではなく、複数の分野にもかかわる関係者をもとに作られる。そのため、異文化間研究はさまざまな領域から借用した概念によって豊かなものとなっている。このようにさまざまな分野が交差している異文化間研究の位置づけは障害となるものではなく、むしろ逆にこの研究の複雑性を考慮に入れるものとなる。領域横断型研究という視点はG・ドゥヴルーの定義した補完的方法によってあらわされる。ドゥヴルーはこの方法について次のように述べている。[2]「(領域横断型研究においては)多様な解釈システムが同時に存在し、その一つ一つがそれぞれの参照枠のなかではほぼ網羅的でありながらも、他の参照枠のなかではせいぜい部分的なものにすぎない」

・比較の危険性と限界

十九世紀の文化人類学は著しい数の文化事象の観察を行ったが、分類に基づく比較研究法が主流だった。

---

1 訳注:プラズマとは固体、液体、気体につぐ物質の第四の状態を指すが、ここでは文化が人間の実存にかかわりながら相互作用を行う複合的な場ではないという意味。

2 G. Devereux, *Essais d'ethnopsychiatrie générale* (1967), Paris, Gallimard,1977.

このような文化人類学は、あらかじめ作られたカテゴリーに従って分割された異なる時代のデータだけに基づき比較を行っている限りにおいて、限界を示している。さらに異なる文脈に組み入れられた二つの異なる現実を比較することは、未知のものを既知のものとせざるを得ないことから、寄せ集めや単純化にいたる。[1] 比較は現実感を失った総合や迅速な一般化の正当化のために使われ、このような一般化は普遍性の概念に悪影響を与える。比較はまた付加法で作られた専門研究でも行われており、この方法が差異と類似の一覧表に取り込まれないためには、読者みずからが総合を行うことを意味する。さらに比較研究は方法論上の必要性から、さまざまな要素や変数を考慮に入れないこととなる。比較研究は分割型アプローチに組み入れられており、このアプローチは、文化の特徴を考えるにあたり複数の因果関係の分析を顧みるのではなく、文化の特徴を、ある振る舞いや態度の原因と見なす傾向にある。[2] 比較研究は文化本質主義の論理に組み込まれており、異文化間研究に組み込まれたものではない。というのも比較研究は異文化間研究や社会横断型研究の仮説を計量的に作成するため、文化や社会によって構築された自然のままの単位にとどまっているためである。[3] さらに比較研究は文化変容や多様化のプロセスを考慮に入れておらず、不透明な効果を生むことが多い。[4] したがって、文化的変容によって記録された差異を説明することができるかはまだ不明である。[5]

類比とは寄せ集めの外観を変えたものにすぎず、ある現実を異なる現実の上に貼り付けたものから生じたもので、その二つを統合し、一つの次元、すなわち比較へと単純化するもので、比較とは本質を類似や相違として形容する。類比は認識への接近を覆い隠してしまう。というのも類比は表象に基づくもので、表象とは定義から見ると、必ずしも現実の指標とはならないからである。

これに対して、比較には紛れもなくものごとを発見させるような意義がある。というのも比較とは、それまで隠されていた特異性を明らかにするからである。また比較によって他の解釈や方法にいたり、課題の刷新に役立つからである。このような意味で、比較とは、同一なものと他者にかかわる豊かで創造的な弁証法を再発見する一つの手法なのである。[6]

3 倫理的次元

文化的多様性の問題は他者性との出会いや経験という問題を生じさせる。ところが、他者性はますます複雑になり、増加しており、そのため特に、文化本質主義や規範主義のアプローチを用いて、他者性にかかわる人間の作り出した産出物を見直さなければならなくなる。社会化や文化パターンの習得、文化適応

---

1 C. Lévi-Strauss, «Anthropologie», in *Diogène*, n° 90, 1975.
2 C. Camilleri, *Anthropologie culturelle et éducation*, Lausanne, UNESCO, Delachaux & Niestlé, 1985.
3 R. Miguelez, *La comparaison interculturelle. Logique et méthodologie d'un usage empiriste de la comparaison*, Presses de l'université de Montréal, 1977.
4 M. Espagne, «Les limites du comparatisme en histoire culturelle», in *Genèse*, n° 17, septembre 1994.
5 C. Camilleri, *op. cit.*
6 Abdallah-Pretceille, M., *op.cit.*,1996.

がますます個人の問題となることから、存在論上の課題が当然のことながら再びあらわれてくる。そこでは、それぞれが競合し、また矛盾することもある規範の急増をどのように考慮に入れればよいだろうか。多様性の尊重と普遍性を承認しなければならないことをどのように両立させればよいだろうか。差異を過度に強調する絶対的な相対主義と細分化を行わない包括的なものの見方とのあいだで、倫理はどのような地位を占めるだろうか。そこでは哲学が価値観に関する考察の根拠となり、ここに新たな探究の場を見いだす。[1]

・他者性の倫理

差別化の原理を強調する文化モデルが急増すると、個人や集団のアイデンティティの構成条件としての価値観の問題が改めて提起され、他者の場に立ち戻ることを認めなければならなくなる。いまや重要なことは、さまざまな文化に関する知識ではなく、むしろ他者との関係なのである。他者性と文化的多元性を結びつけることが重要であり、前述の逸脱にはまり込まないことが課題となる。文化的多様性を取り扱うにあたって、人間関係や対立の調整を、社会的なものから機械的な形態へと還元する必要がある。さもなければ、倫理上の問題という窮地に陥らざるを得ない。[2] 他者性の問題は価値の問題に直結しているとともに、存在論の次元に属しており、問題は存在の側にあるのであって、所有の側にあるのではない。

個人は共同体主義の誘惑と喫緊のグローバル化に挟まれ、単純化された他者性と、指数関数的に増大する他者性の双方に直面しており、個別的な状況や人間と普遍的な価値観のあいだで、緊張状態に置かれた困難な倫理にいたってしまう。他者に対する個人の責任はもっぱら法的な次元に属するだけでなく、倫理に、なかでも他者性の倫理に属するもので、そこでの倫理とはもはや同一性の論理をもとに自己を考えるのではなく、完全に自由で責任のあるものとしての他者の論理をもとに自己を考えるものである。倫理とはまさに他者とのこのような出会いを意味するもので、そこでの他者とは、他者の持つ困難な自由や複雑で不透明で矛盾に満ちた他者を尊重することを根拠としている。E・レヴィナスは倫理の根拠を他者性の経験と定めた。[3] それはまさに他者としての他者を問題とするのであって、他者の文化や他者の帰属を問題とするのでもない。これらはむしろフィルターとなり、他者との出会いや理解の障害となる。他者をその文化的特徴や、心理的、社会学的特徴によって認識することは属性を集合することにほかならないし、ひいては人為的産物の集合にほかならなくなる。心理学や社会学、文化の情報は出会いにとって根本的なものではなく、せいぜい「よりどころ」にすぎず、これによってわれわれはより理解を深めることができるかもしれないが、そのような情報をある環境に押しつけるのではなく、活用し、分析をすることができるという条件による。

---

1 M. Abdallah-Pretceille, *op. cit.*, 1996.
2 M. Abdallah-Pretceille et L. Porcher, *Éthique de la diversité et éducation*, Paris, PUF, 1998.
3 E. Levinas, *Éthique et infini*, Paris, Fayard, 1982.〔エマニュエル・レヴィナス『倫理と無限——フィリップ・ネモとの対話』原田佳彦訳、朝日出版社、一九八七〕

多様性の倫理が展開する固有の場はさまざまな主体のあいだでの関係であって、他者に対する行動ではない。たとえその行動が献身的で公正であり、さらには慈愛に満ちていたにしても、それは多様性の倫理が展開する場ではない。関係性のなかでの非対称性はある人を重要人物とし、また別の人を行為者に変えてしまい、実際の権力関係、あるいは象徴的な権力関係をもたらし、これは反対に潜在的な暴力、あるいは明示的な暴力の源泉となる。他者とともに行動することが重要であり、他者に働きかけることが重要ではない。これはいわば連帯の訓練に属するものであり、困難な訓練であり、決して終了するものではなく、つねに再興すべき訓練なのだ。

・知識から認識へ

事実に基づく知識を通じた他者性の認知アプローチは不十分なだけではなく、倫理的にも表面的なものにすぎない。文化的特徴をもとに他者を形容する言説は、カテゴリー化や帰属化のプロセスに基づくもので、他者をやむを得ずあらわす行為に、つまりは支配の意志に対応しているものであり、これはそもそも単に象徴レベルにとどまるものではない。他者理解は他者認識と同一されることが多いのだが、他者が関係性やコミュニケーションの枠外で理解されることはない。

・規範の対立という問題

文化的多様性の影響を受けた社会において倫理や道徳はどうなるのだろうか。共同生活はみな共通の規範や価値観の承認に基づいている。多元的な社会においてこのような含意はどうなるだろうか。差異の承認は社会的、倫理的合意を破綻させるおそれがあるのではないか。実際のところ、多文化主義と共同体主義は分裂による社会の差異化を背景とするもので、社会のモザイク化の考え方を導入している。このような考え方に立つと、（学校や家庭、町やアソシエーションなど）さまざまな社会化の環境はもはや調和を保って機能することがなくなり、それぞれが道徳や規範、法令を要求する。同様に、個人もますます諸宗教の混同に基づく倫理的な行動をとったり、オルタナティブの倫理的な行動をとるようになるが、これらは相互に対立することが多い。このような矛盾や対立をどのように取り扱わなければならないのか。

規範をめぐる対立の解決は、いくつかの訴追や問題の理解にはほとんど役立たない。人目を引くためのデモなどを除くと、フランスにおいてはほとんど議論されていない。規範に基づく活動はその集団の参照事項に適合するとはいえ、そこからは過剰な社会化という形態の逸脱が発生するかもしれず、これは他者理解や刷新をほとんど認めることがない。この一方で、もっぱら機能的な活動はそれぞれの環境に適合するものの、いかなる超越的価値観も参照することがない。この二つの活動のあいだで、駆け引きの余地は小さい。適応領域や対象者に応じて規範や「その地域の」道徳が増加することは、価値に関する整合性がないことを強調することになる。倫理は特殊なもの（道徳や職業倫理の規則の増加など）と普遍的なものとのあいだで身動きがとれなくなる。規範の対立をめぐっては、用語の誤用による価値観の対立と混同されることが多い。実際のところ、ある人々の勧める寛容さ、正直さ、勇気などが、他の人々の勧める寛容さ、正直さ、勇気などと対立することはない。価値観を実現する手段にずれがあるために、さらには不一致があるために問題が生ずるのではなく、価値観が尊重されないときに問題が生ずるのである。異文化間研究は客観的で合理的な倫理を前提とする。[1] そのために文化的多様性は価値観を崩壊させる危険性を示すものではなく、むしろ人間性を行動の中心に位置づけ直すのである。

・合意と整合性

倫理をめぐる考察はアイデンティティに関する疑問にいたるが、これはすべての人々にかかわるものであり、他の人々、外国人、移民だけにかかわるものではない。この考察はコミュニケーション活動に基づく。これはまず自己に関する作業であり、他者についての作業ではない。行為が倫理の基盤となるのではなく、その反対に、価値についての合意が行為を有効にするのであり、そこでの合意とはコミュニケーションや[2]討議[3]を通じて育まれる合意形成に基づくのである。対立を踏まえた合意、つまり議論を踏まえての合意は多元的な目標や観点に根ざすもので、これのみが民主的な社会を構築できるのである。

学校や政治、社会などあらゆる領域であらゆる種類の新たな自発的行動が増えていることは、価値観に関する研究が急を要することを伝えている。市民社会や世俗社会は社会計画のなかで倫理上の空白を埋めようとしないならば、宗教的なものへの回帰と呼ばれるものだけではなく、カルトなどが、一時しのぎやさまざまな対立の前触れにほかならないことが懸念される。実際、多くの歴史上の対立は残念なことに多くの結果を生み、自己や自己の集団に閉じこもること、閉鎖の論理、排除のシステムなどを展開してきた。複雑な社会はますます高度になるコミュニケーション活動を誘発し、共通の価値観を創出させ、社会的結びつきを築きあげるが、これは決して永続的な所与ではなく、絶えず構築すべきことなのである。

そこで共通の参照事項をより可視的に、またいっそう理解できるようにすることが必要であり、また急を要する。たとえば、参照体系を提示しない社会において統合を語ることはできない。価値観が理解できず、存在の枠組みが欠如していれば、社会政策活動、教育活動、さらには政治活動までも単なる管理機能や調整機能に還元されてしまう。社会契約の論理は共通の価値観への合意を置き換えるものではなく、これはある計画や社会計画、学校教育計画を通じてのみ表明されるのである。いかなる社会システムも共生や象徴的次元の支えがなければ広まらない。そこで倫理が欠落していると、価値にかかわる論理を犠牲として機能の論理が拡張することになる。言い換えると、社会的なものを犠牲として法律に適したものが発展するのである。[4] 価値観に関する言説は、長いあいださまざまな形態の教化や感情、イデオロギーに閉

---

1 M. Abdallah-Pretceille, « Pluralité culturelle, accompagnement et éthique », in *Accompagner... Vous avez dit déontologie?*, Actes du colloque du MAIS, Metz, 1995.

2 J. Habermas, *Morale et communication* (1983), Paris, Le Cerf, 1986.〔ユルゲン・ハーバーマス『道徳意識とコミュニケーション行為』三島憲一・中野敏男・木前利秋訳、岩波書店、一九九一〕

3 K. O. Apel, *Discussion et responsabilité* (1988), *[Diskurs und Verantwortung. Das Problem des Übergangs zur postkonventionellen Moral]* (1988), Paris, Le Cerf, 1996.

4 H. Arendt, *La crise de la culture* (1954), Paris, Gallimard, 1972.〔ハンナ・アーレント『過去と未来の間——政治思想への8試論』引田隆也・斎藤純一訳、みすず書房、一九九四〕

じ込められてきたが、客観的なアプローチによって刷新されねばならない。価値観の客観的基盤という観念をめぐり、社会契約論[1]や功利主義論[2]、R・ブードンの認識理論[3]などさまざまな思想の流れが展開されている。文化的差異を考慮に入れようとすることは、多様性のなかにある他者性の要求を通じて、根底にある価値観について客観的かつ合理的に答えようとすることでもある。[4]

・人権とライシテの問題

倫理には普遍的次元があるが、（宗教倫理や職業倫理などのように）倫理学は個別的で特殊である。倫理学は多元的で、ある領域やある場に価値観を適応させる方法に対応している。態度や振る舞い、文化実践の分析は、文化相対主義の隘路に陥らないようにするため、倫理や普遍的なものを参照しなければならない。人権とは宗教的なものの枠外にあり、世俗社会における倫理的目標を表現する唯一の試みである。ライシテ[5]によって「共生」の原理を見失うことなく、個別主義を乗り越え、また個別主義の表現を行うことができる。まさに価値としてのライシテが重要なのであり、イデオロギーとしてのライシテが重要ではない。ライシテが重要となったのは宗教的多元論の名のもとであり、文化的多様性のもとでライシテは刷新され、肯定されなければならない。[6]

異文化間研究は分析にかかわると同時に実践にもかかわっていると考えられる。異文化間研究は二つのレベルに深く関与しているため、J・デュヴィニョーによれば解釈学と人文学のあいだで揺れ動く地位を与えられている。デュヴィニョーは主張する。[7]「人文学は、よく考えられているように、同時代人のあい

郵 便 は が き

おそれいりますが切手をおはりください。

101-0052

東京都千代田区神田小川町3-24

白 水 社 行

購読申込書

■ご注文の書籍はご指定の書店にお届けします。なお，直送をご希望の場合は冊数に関係なく送料300円をご負担願います。

書　名	本体価格	部　数

★価格は税抜きです

（ふりがな）

お 名 前　　　　（Tel.　　　　）

ご 住 所　（〒　　　　）

ご指定書店名（必ずご記入ください）	取次	（この欄は小社で記入いたします）
Tel.		

『Q1043　異文化間教育』について　(51043)

■その他小社出版物についてのご意見・ご感想もお書きください。

■あなたのコメントを広告やホームページ等で紹介してもよろしいですか？
1. はい（お名前は掲載しません。紹介させていただいた方には粗品を進呈します）　2. いいえ

ご住所	〒　電話（　）		
(ふりがな) お名前	（　歳） 1. 男　2. 女		
ご職業または学校名		お求めの書店名	

■この本を何でお知りになりましたか？
1. 新聞広告（朝日・毎日・読売・日経・他〈　〉）
2. 雑誌広告（雑誌名　）
3. 書評（新聞または雑誌名　）　4.《白水社の本棚》を見て
5. 店頭で見て　6. 白水社のホームページを見て　7. その他（　）

■お買い求めの動機は？
1. 著者・翻訳者に関心があるので　2. タイトルに引かれて　3. 帯の文章を読んで
4. 広告を見て　5. 装丁が良かったので　6. その他（　）

■出版案内ご入用の方はご希望のものに印をおつけください。
1. 白水社ブックカタログ　2. 新書カタログ　3. 辞典・語学書カタログ
4. パブリッシャーズ・レビュー《白水社の本棚》（新刊案内／1・4・7・10 月刊）

※ご記入いただいた個人情報は、ご希望のあった目録などの送付、また今後の本作りの参考にさせていただく以外の目的で使用することはありません。なお書店を指定して書籍を注文された場合は、お名前・ご住所・お電話番号をご指定書店に連絡させていただきます。

だでの適切な制度を確立するために人間の能力や人間を倫理的に定義するだけではない。（…）人文学の重要な定義は社会構造の変革とつねに同じ時代に存在する」

Ⅲ　差異から変化へ

「グレートプレーンズに住むネイティブ・アメリカンの精神分析を行うには、精神分析医でなければならないのか、民俗学者でなければならないのか」。G・ドゥヴルーは文化と無意識の関係についての研究

---

1 J. Habermas, *op. cit.*; K. O. Apel, *op. cit.*; J. Rawls, *Théorie de la justice* (1971), Paris, Le Seuil, 1987.〔ジョン・ロールズ『正義論』矢島鈞次監訳、紀伊國屋書店、一九七九〕

2 R. Rorty, *Objectivisme, relativisme et vérité*, [*Objectivity, Relativism, and Truth*, (1991)], Paris, PUF, 1994.

3 R. Boudon, *Le juste et le vrai. Études sur l'objectivité des valeurs et de la connaissance*, Paris, Fayard, 1995.

4 M. Abdallah-Pretceille, L. Porcher, *op. cit*, 1998.

5 訳注：ライシテ laïcité とはフランスにおける教会と国家の分離の原則で、一九〇五年に成立した政教分離法にさかのぼるもので、信教の自由や思想、良心の自由を保障する概念である。

6 M. Abdallah-Pretceille, « Laïcité entre intégration et intégrismes », in *L'école: diversités et cohérence*, Paris, Nathan, 1996.

7 J. Duvignaud, *Introduction à la sociologie*, Paris, Gallimard, 1966, pp.156-157.

を通じてこの疑問に答えようとした。[1] 教育活動で文化を考慮に入れるときにも同じような疑問が生じる。異なる文化の出身として紹介されたり、そのように自己紹介をする子どもに勉強を教えるには、教師は教育者でなければならないのか、それとも民俗学者でなければならないのか。文化的に異なると認識され、そのようなものとして示された一般生徒に向けて行われた教育活動の妥当性は、いまや時事問題の一部になっている。教育上の介入をどのように適応させればよいのか。どのような様式で行えばよいのか。教育・学習行為に対して文化的所与はどのような影響を与えるのか。多様な状況や特徴、教育との伝統を、ある種の象徴的暴力によって特色づけられる教育行為とどのように両立させることができるのか。というのも、教育行為は本質的に生徒の世界への参入を意味するからである。これらの疑問に対する回答は一致することなく、多文化主義かあるいは異文化間主義の方針を改めて二分する。

E・T・ホールの次の分析は文化本質主義に位置づけられる。[2]「アリゾナ州ラフロック〔・コミュニティ・スクール〕におけるナホバ族の教室の雰囲気は、まったく違ったものである。ナホバ族の低学年の生徒のほうがずっと独立心に富んでおり、管理されたり、規則に縛られたりすることも少ない。授業の進行具合を綿密に調査した結果では、白人の学校より、ずっとゆっくりしたペースで進行していることもわかった」(p. 229)。ここには、教育モデルの妥当性、つまり適応の問題が投げかけられている。そこで明らかに文化本質主義の立場に立つ原理をあてはめるならば、特定化されカテゴリー化される生徒に対応する教育行為をますます細かく個別化することになる。これはある程度、長期的に考えてみると、差異があると特定された生徒が存在すれば、それと同じ数の学校を設置することになるため、学校の多元化にいたるだろう。

これとは反対に、N・グレイザーは、[3] エスニックや帰属文化に応じて設計された教育の枠組みで教育を受けた少数派エスニックの子どもの学業成果を分析・比較したところ、教授法や教育内容を決定するにあたり、文化的差異を考慮に入れることは成績を何ら改善するものではないと考察した。教育は普遍性の原理に基づくべきなのだろうか。それとも、国や文化のみならず、差異の論理を極限にまで推し進めるならば、社会集団に応じて教育法を限りなく多様にすべきなのだろうか。認知上の適正さや学習の伝統の規定に照らして教育効果を調整すると、教育は文化本質主義になって、個人や集団のあいだに存在する差異を考慮に入れることを犠牲にしてしまう。差異の強調は、さまざまな教育モデルが潜在的に両立するものではなく、それらが矛盾していることを認めるものである。教育学における文化本質主義は、差異を強化することによってコミュニケーションが不可能となり、したがって知識の伝達が不可能となることにたどり着く。

知識の獲得や伝達方法が文化によって異なるとするならば、それは個人や時代、学修のレベルなどに

1 G. Devereux, *Essais d'ethnopsychiatrie générale* (1967), Paris, Gallimard, 1977.
2 E. T. Hall, *Au-delà de la culture* (1976), Paris, Le Seuil, trad. franç., 1979.〔エドワード・T・ホール『文化を超えて』岩田慶治・谷泰訳、TBSブリタニカ、一九九三〕
3 N. Glazer, «Les différences culturelles et l'égalité des résultats scolaires», in *L'Éducation multiculturelle*, Paris, OCDE, 1987.

教師は民俗学者にならねばならないのだろうか。ロングストリートは、文化の型に応じた認知システムと認識の図式を作るよう教師に勧めている。[1] W・ロングストリートが示唆するように、教師は民俗学者にならねばならない。ロングストリートは、文化の型に応じた認知システムと認識の図式を作るよう教師に勧めている。

よっても変化すると考えねばならない。W・ロングストリートが示唆するように、[1] 教師は民俗学者にならねばならないのだろうか。ロングストリートは、文化の型に応じた認知システムと認識の図式を作るよう教師に勧めている。M・アブダラ゠プレッツェイユはG・ドゥヴルーの系譜に従い、生成人類学の知識を勧めている。[2] これはつまり、プロセスや文化現象（文化適応、同化、文化的抵抗、文化的アイデンティティ）を生成する価値として認識することである。民俗学的な差異や文化情報では、動態を理解することができない。このような知識は必要であるにせよ、それは十分ではない。M・ド・セルトーの表現に従うならば、[3]「技術的に使用可能な不均質性」を発見するよう教えざるを得ない。同様に、精神分析医に対して民俗学の専門家になり、患者の文化を詳細に知るよう求めることがばかげたことであるように、教育者も個別的で特有の知識に没入するままになるまでもないと考えることが妥当である。

文化に関する知識を獲得したからといって、生徒のことがよく理解できるようになるとは限らない。これとは逆に、その知識によって生徒が見えてくるかもしれない。というのも、いかなる個人であれ、その集団の「代表」ではないからである。これは、文化についての知識がそのようなものとして効力がないのではなく、個人と集団の文化的特徴とのあいだに体系的な一対一の対応があるとの考えを疑問視することなのである。文化的差異の知識にもまして、環境の分析について知ることが望ましい。文化的特徴の知識は教育行為に不可欠ではないにせよ、教育者は、生徒の境遇を考慮に入れる必要がある。ここには民俗学者の「イーミック」[4] な観点がある。民俗学者は事実の記述に注目するよりも、集団内部の差異化のプロセスに注目する。外部からこれを知覚することはできないにせよ、集団の関与者にとって極めて重要である。教師にとっての至上命令とは、その教育を生徒に適合させることであるが、それは集団の類型化に基づくものでなければ、予断に基づくものでもない。その目的は多様性や不均質性をその原理に従って管理することであって、当局によって割り当てられたアイデンティティの定義との関連から生徒を管理することではない。実際のところ、その氏名が外国人のような響きがする子どもたちによってクラスが構成されているからといって、そのクラスは外国人クラスなのではなく、また移民の子どものクラスでもない。文化的次元を考慮に入れることは、特定し、カテゴリー化を行うことではない。生徒はまず個人として特定されるのであって、生徒を統計的な規則性に還元したり、ましてやある集団の帰属へと還元するわけにはいかない。

分析や知識は生徒の資質にかかわるものではなく、生徒が自分たちをどのように捉えているか、その提

---

1 W. S. Longstreet, *Aspects of ethnicity. Understanding difference in pluralistic classrooms*, New York, Columbia University, Teacher College Press, 1978.

2 M. Abdallah-Pretceille, « Culture(s) et pédagogie(s) », in *Le français dans le monde*, Recherches et applications, Paris, Hachette, août-septembre 1990.

3 M. de Certeau, « L'opération historique », in *Faire l'histoire*, Paris, Gallimard, t. 1, 1975, p. 25.

4 訳注：言語学や文化人類学で、未知の言語や文化を分析・記述するにあたり、その文化圏のなかでのみ意識されている方法や視点を指す。

示の仕方や「演出」にかかわる。[1] 分析は外観に関するもので、本質に関するものではない。[2] 透明性や均質性、安定性の追求は、教師の目標の一部ではない。というのも、教師はむしろ複雑なもの、多義的なもの、不均質なものを検討するからである。多様性や変化を意識し、その後に他者に目を向け、耳を傾け、観察し、他者に対して注意深くなることが大切なのである。他者への注意深さや理解を、他者についての事実や情報であると単純化することはできない。文化的多様性は（優れた意味での文化人類学上の主体としての）[3] 他者の承認や経験にかかわるのであって、文化にかかわるものでもなければ、より正確に言えば、文化の知識にかかわるものでもない。実際のところ、他者性は教育に不可分のものであるが、この他者性は文化的多様性に影響され、ますます複雑になっている。他者という問題は教育の専門性や学習のテクノロジー化のために除外されているのだが、逆説的なことに「外国人」や外国人性の問題を通じて、舞台の前面に再び登場している。それに伴い、哲学もまた教育法や方法論が強調された時代を経て、教育の中核にあらわれている。

「他者」がその個別性や普遍性のために華々しく再び登場したことは、倫理的な問いかけの急増に対応している。[4] 少なくとも、この現象について二種類の課題がこの変化の原因となっている。一つは教育の分野においても「すべてを技術的に」という流れであり、もう一つには社会的ネットワークが複雑になり、多元的になることによって指標が失われているという印象である。人々との接触が多元化することによって、危機や対立、失敗が発生したことから、他者性や多様性の経験をもとに構築された社会文化能力を発達させることが重要となった。この課題は本質的には倫理上の特徴を持っている。現代における学校や教育の課題は、テクノロジーや機能性の問題というよりは存在論にかかわる問題である。学校の価値や意義が制度の枠外にあるにせよ、上位の決定機関や組織、イデオロギーは学校の価値を把握しておらず、そのうえ不運なことに、閉鎖の論理や排除の論理に従っている。忘れられてしまうような価値観を再発見することが問題となるのではなく、現代の人類という迷宮で自分の位置を知ることを学ぶことが重要なのだ。

知識の伝達は、伝達された知識を写真アルバムのようなものにひたすら記録することだけにとどめるのではなく、何らかの理論を必要とする。しかしながら、これを何らかのイデオロギーやドグマの形態と混同してはならない。異文化間研究の問題系は、新たなパラダイムを出発点として異文化間教育を樹立しようと試みているのである。

---

1 E. Goffman, *La mise en scène de la vie quotidienne* (1956), Paris, Éd. de Minuit, trad. franç., 1973.〔E・ゴッフマン『行為と演技——日常生活における自己呈示』石黒毅訳、誠信書房、一九七四〕

2 M. Maffesoli, *La connaissance ordinaire. Précis de sociologie compréhensive*, Paris, Librairie des Méridiens, 1985.

3 M. Augé, *Le sens des autres. Actualités de l'anthropologie*, Paris, Fayard, 1994.

4 M. Abdallah-Pretceille et L. Porcher, *Éthique de la diversité et éducation*, Paris, PUF, 1998.

第二部　異文化間教育

第一章　教育学における多元主義の傷跡

教育学における異文化をめぐる考察や活動の領域は広い。というのも、一国の文脈に位置づけられていた教育はますます外部世界に開かれ、グローバル化しているためである。文化的に不均質な対象に向けた教育活動や教授法が妥当であるかは教育学の中心課題の一つである。これに対する回答はさまざまあり、同一のパラダイムに該当するものではなく、その社会や学校が作り上げようとする人間の定義にかかわってくる。差異を尊重するばかりに細分化された学校と、均質化を強調するばかりに無力になり無気力になった学校のあいだにあって、異文化間教育は旧来のものとは異なる方策と考えられている。この意味で異文化間教育は教育哲学に該当する。

「多様性や多元的な帰属感情を豊かさであると受け止めることが重要である。多元性の教育は暴力に対する歯止めになるだけではなく、現代社会を文化の観点から、また市民教育の観点からも豊かにするための効果的な原理である。ものごとを単純化する抽象的な普遍主義と相対主義のあいだにあって、個々の文化の地平をはるかに越える要求はなく、差異への権利と普遍性への開きを同時に認めることが望ましい」[1]

J・ドロールのこの発言とM・セールの発言[2]を比較してみよう。どのようなタイプの生徒を学校は育成しなければならないのか、また育成しようとしているのか、これを知ることが第一の課題である。セールは混淆を礼賛しているのだが、これは「学習というものがみな他者との旅、他者性への旅を求める」ためである。この疑問に答えるにあたって、多様性や多元性の地位をめぐる反省や位置づけを無視することはできない。

不均質性はハンディキャップであるとも、機能不全や困難さの原因であるとも考えられてきたし、また現在もそのように考えられているが、そのためハンディキャップを補うための措置や援助が必要であると考えられている。そこで異文化間教育は不均質性を標準と捉え、（多様なものを否定することや権威主義的な行動によるという意味で）均質性を一種の強制と捉えることによって、異文化間教育は真の意味での「コペルニクス的革命」を始める。これと同じく、新たな形態（たとえば混淆や借用、地理的、文化的、象徴的境界への侵入など）での文化的変容の原則は、例外的で周縁的なものから、中心的で豊かなものになるのである。われわれ一人ひとりは絶えまない文化的変容の過程を経験しており、さまざまな文化の混淆（これ

1　J. Delors, «Rapport à l'Unesco de la Commission internationale pour l'éducation du XXIe siècle», Paris, O. Jacob, 1996.「多元主義」と「差異」の用語よりも、「多元性」と「多様性」の用語がふさわしかったかもしれない。これについて、著者（プレッツェイユ）はドロールの主張の全体には同意するものの、多元性と多様性の用語を使用する。

2　M. Serres, *Le tiers instruit*, Paris, François Bourin, 1991.〔M・セール『第三の知恵』及川馥訳、法政大学出版局、一九九八〕

は複数文化を中立化し、標準化することによって、唯一の文化を構築するものと定義される）というよりも、混淆という文化はありふれたものとなり、ますます多様なものを産出している。

異文化間教育は依然としてその意味が拡散しており、それは多元性の影響を受けた社会のなかで教育を考えるにあたって、不確実性や疑い、抵抗、難しさといったことが原因となっている。その一方で教育は均質化という強力な伝統に根ざしたままなのである。異文化間教育は教育哲学による定義と、多様で拡散している教育問題や教育実践を把握するための教授法のあいだで揺れ動いている。そこでの教育哲学は、場合によっては、有意義な、あるいは侮蔑的な意味でのイデオロギーやユートピアの一種であると単純化されることが多い。多様性、さらには矛盾までもが、系統図を通じて、すなわち異文化間教育の出現した条件やまたその変異体を通じて、異文化間教育の実践や言説を理解するためには重要なのである。[1] 一つの課題を命名することは、すでにそれを解決するうえでの最初のアウトラインを引くことである。そこで、異文化間教育の方法によって把握されるような問題を解決する事は（たとえば移民や不寛容、「複数文化に対するショック」、原理主義、差異の要求など）、社会構造上の変化と経済情勢とのあいだに、また因果関係に混乱が認められるために難しくなる。異文化間教育は学校を取り囲む構造が完全に多元的な構造であることを承認することによってのみ、問題の発見に結びつくのである。

I　移民出身の子どもの就学について

フランスの小学校では「異文化間教育活動」という名称を通じて異文化間教育の課題が導入された。この活動は出身国の言語文化教育の枠組みで導入され、外国人の子どもの文化アイデンティティを尊重しながらも、フランスの学校制度によりよく編入させ、帰国の際には出身国に容易に再統合させることを目的としていた。[2] この時代の社会的文脈は、経済危機や一九七四年の移民政策の停止、[3] また移民労働者の帰国を促進する政策を策定したストレリュ法などを特徴とするものだった。一九七八年になると、異文化間教育活動を学級のすべての子どもたちに拡大しようとする動きが起こったが、これは移民の帰国促進策の失敗や移民の定住化、すなわち移民をもはや経済動向に左右されるものだけではなく、社会構造の事実として承認することに結びついている。一九八一年からは「優先的教育地域」（ＺＥＰ）に関する通達により、移民の子どもの就学はもはや特別な措置の対象ではなく、社会的・文化的不平等を改善する闘争の一つの形態と考えられるようになった。このように異文化間教育は社会政策や経済、移民政策の措置といっ

1　M. Foucault, *L'ordre du discours*, Paris, Gallimard, 1971.
2　*Bulletin officiel de l'Education nationale* (*BOEN*), n° 15 du 17 avril 1975 et n° 36 du 7 septembre 1978.
3　訳注：一九七三年の石油ショックに伴う経済不況のため、一九七四年に単純労働者の入国が停止された。

た情勢のなかでの教育方針として生まれたもので、現在でもそれらに結びついている。

異文化間教育活動をすべての生徒に拡大しようと試みたことがあったにもかかわらず、局所的で他と切り離された活動にとどまり、長きにわたって周縁的で、疎外化され、さらには無視されてきた。この活動は教育現場のさまざまな問題に緊急に応えるためのもので、多くの生徒に開かれたものとする試みであったにもかかわらず、周縁的なものにとどまり、基本的には移民を対象とし続けた。

一九七三年から文化協力評議会（欧州評議会において教育と文化に関する政策を管理し、推進する機関）は、異文化間教育をその活動プログラムの重要で中心的な事項と考えるようになった。[1] さまざまな活動や出版物のなかでも、移民の教育や文化的発展に関するプロジェクトNo.７（一九八一―一九八七）や、異文化間教育の実験に関する専門家合同グループ（一九八九―一九九〇）、異文化間教育のための教員養成プロジェクトなどを参考例として挙げておきたい。就学前教育、初等教育、中等教育において異文化間教育をめぐるセミナーや会議、シンポジウム、出版物などが増えていった。しかしながら残念なことに、出版物や研究論文は人目を引くことなく、一般大衆や教員にはほとんど知られることがなかった。異文化間教育は次の四つの特徴を持っている。

1　現代社会の多くは多文化社会となっており、これからもますます多文化化するであろう。

2　それぞれの文化には特質があり、それはそのようなものとして尊重されるべきである。

3　多文化主義は潜在的に考えると豊かさである。

4　さまざまな文化は相互に浸透しあっていることを考慮に入れることが重要である。これにより、多文化は活性化するが、その場合にも、それぞれの文化に固有のアイデンティティが抹消されることのないようにする。

これらの用語はまだ揺れ動いているものの（とりわけ「多文化」と「異文化間」のあいだでは絶えず揺れ動きがある）、その流れは明確ではっきりしている。というのも、企業活動や学生や生徒の移動の問題などの活動分野を通じて、異文化間教育の動向は充実したものとなっており、消失することがないからである。

異文化間教育の実践に対して批判が投げかけられたが、それらの批判はフランスの学校における文化的多様性の承認の出発点を示すもので、理論的枠組みとは無関係に展開したものと考えるのが妥当である。というのも、フランスにおける異文化間教育問題のアカデミックな研究は一九八〇年代に始まったにすぎず、それもまだ消極的な歩みだった。このような点で、実践家と関係者はいわば研究者に先行していたのだ。この頃になると、フランスでは「文化」からエキゾチックな特徴や、フランス国土以外の特徴が消し去られ、「いま、ここで」の問題に目が向けられ、なかでも文化や教育における移民の問題に関心が向けられるようになった。そのような活動や行動に価値があることは認めるものの、そこにはまた限界や矛盾

1　M. Abdallah-Pretceille, *op. cit.*, 1986.

があることも指摘しなければならない。

1　差異を価値づけることは、学校の規範性をことごとく批判することにつながる

実際のところ、規範の捉え方が問題なのではなく、規範の境界がもっぱら狭められたのである。つまり国民という枠組みから宗教集団や文化集団などへと枠組みが移行したのである。学校の最終目的が一種の規範化や、ひいては均質化であることに変わりはないが、本質的な違いは集団の規模にある。そこでは社会の分断化に対応して、学校の多元化が進むおそれがあり、その結果、学校は多元性を持つようになるのだが、それでもグローバル社会であることに変わりはない。したがって、危険性は多元性を通じて表現され、異なる実体の合体したものとして表現され、多文化的な学校や分断した学校を生み出すことになる。これは前述のように、共和国の学校というフランスの伝統に反する。

2　悲惨主義に染まった雰囲気

異文化間教育活動から父権主義（パターナリズム）の入り混じった不平等関係を解消することは容易ではない。逆説的なことに、異文化間教育活動は不平等を解消しようと願っているにもかかわらず、両者の距離を顕在化させている。異文化間教育活動は移民の子どもたちの統合や成績不振の二つを基盤としており、このことから、異文化間教育活動をめぐるイデオロギーや感情面での「環境」が理解できる。

3　文化の民間伝承

異文化間教育活動の内容を見ると、多くの場合、それは最も目にとまりやすい活動（料理、工芸品、ダンス、お祭りなど）に還元され、文化というものを民間伝承に変容させてきた。ある人々は皮肉にも「クスクス教授法」[1]などと言っている。そこで文化は時間の枠を越えて、固定的に記述されるものとなり、ダイナミックな力を失い、「後付け」の記述となり、また（自然現象と文化現象を混同することにより）「標本化された」記述に閉じ込められ、過度な一般化や、文脈を失うことにより、アナクロニズムに陥り活力を失っている。

4　比較と類比の濫用

比較と類比を濫用するとステレオタイプを強め、ひいては新たにステレオタイプを作り上げるおそれがある。二項対立の構造（比較を行ううえで、フランス文化が唯一の対象項目となる）は不均衡を強め、他者の「事物化」を生み出す。この一方でフランスの公的機関は移民の子どもとの交流や承認を進めようとしている。

移民の子どもの就学は曖昧で逆説的な言説の対象となっている。一方には、明言された柔軟策があり、

1　訳注：クスクスはマグレブ（チュニジア、アルジェリア、モロッコなど）の郷土料理。

これは欧州評議会の初期の研究以降[1]、他の研究者や実践家にも継承され、またJ・ベルクにも継承されている[2]。ベルクは国民教育相へ宛てた報告書のなかで、「さまざまな文化を並列するのではなく、それらを結びつける必要性」を述べている。柔軟策はEUのコメニウス計画にも取り入れられた（コメニウス計画の枠組みで展開している活動のなかには、「移民労働者の子どもの教育、多文化クラスにおけるマルチメディア教材、学校における異文化間教育の意義、異文化間教育活動へ向けた新しい教授法の導入」といったものもある）。他方では、移民の子どもという対象だけに焦点を当て、彼らを囲い込み、他の教育研究分野での異文化間教育の問題の展開についてはあまり立ち入っていない。

これにもかかわらず、移民は少しずつその多様な役割が認識されてきた。移民はフランスで長年にわたり旧植民地からの経済移民の動向と結びつけられていたが、現在では社会構造の原理として認められているだけでなく、社会の永続的な変動としても認められており、この変化の起源や様相はますます複雑に、また多様化している。移民はもはや周縁的な現象ではなく、阻止することが望ましいものでもなく、むしろ社会のあらゆる分野にかかわる現象として捉えなければならない。その新たな特徴とは、現在の移民がアメリカやオーストラリア、カナダといったこれまで移民を受け入れてきた国を想起させる点にある。

これと同様に、移民は決定的な特徴を持つと考えられるよりは、むしろ人生のある時期における出来事と考えられるようになった（たとえば、フランスで移民博物館は「国立移民史博物館」[3]という名称で二〇〇七年十月に開館した）。同様の考え方に従って、移民や植民地経営を近年の歴史を構成する二つの要因として提示しようとしており、移民史を周縁的な要因として提示しようとするものではない。

社会政策や教育政策は開放的で野心的な法律と、想像上の社会政策に縛られているが、漠然とではあるものの、根本的にエスニック・グループ化した社会情勢の影響を被っている。

二〇〇五年九月に発生した郊外の危機について、[4] その原因は人によってイデオロギーや環境であり、また経済的社会的不平等による問題であり、フランス型統合モデルの失敗であるとされている。この危機は、教育現場ではよく知られている考え方、すなわち機会平等の現場でよく知られている考え方を拡大し、社会全体に広げる機会となった。〔二〇〇六年三月三十一日付の機会均等に関する法によれば〕「共和国はその市民に対して［…］機会平等についての同一の権利を認める」のである。

基準となる意味の領域も変化し、多様な情勢を考慮に入れようとする意思を伝えている。参考までに次

---

1 L. Porcher, *L'Éducation des travailleurs migrants en Europe. L'interculturalisme et la formation des enseignants*, Strasbourg, Conseil de l'Europe, 1981.

2 J. Berque, *Éduquer les enfants de l'immigration*, Rapport au ministre de l'EN, Paris, La Documentation française, 1985.

3 訳注：国立移民史博物館は、フランスにおける十九世紀以降の移民の歴史を紹介する博物館で、二〇〇七年に開館した。その建物はポルト・ドレと呼ばれ、一九三一年にパリで開催された植民地博覧会の建物を継承している。

4 訳注：パリ郊外で二〇〇五年十月に三人の若者が警察の追跡を受けて死傷したことをきっかけに若者が暴動を起こし、十一月には非常事態宣言が発令され、三週間後に事態は沈静化するものの、六八年五月革命以来の最大の暴動となった。

の項目を指摘する。

1　「差別」と「不平等」という単語は、ほぼ例外なく同義語として用いられている。

2　「ニューカマー」は、これまで「移民」「移民出身の子ども」「移民第二世代」といったものまで喚起する用語となっている。

3　「第一言語」は「出身言語」を置き換えている。

4　「特別な特徴を持つ人々」は「ニューカマー」や「ロマ人」[1]を指すが、この二種類の人々は同じ通達のなかでは結びつけられている。

5　「外国人」や「移民」といった用語はその文脈の外部ではもはや重要な意味を持たない。これらの用語を無条件で使用することは、「外国人」や「移民」を考慮に入れることにもまして、彼らにスティグマを与えるしるしとなる。「外国人生徒の○○%」という表現も、もはやあまり意味を持たないと公文書は伝えている。とはいえ、実際は必ずしもそのようには進展していない。

このように次々と用語を婉曲に改変する動きは、この問題がデリケートであることを伝えており、ここで問題や対象となる人々は慎重に取り上げられている。このことは勇気づけられると同時に問題の複雑さを伝えている。というのも、イメージやグループやその時々の事情が重要であることから、関係者はますます「政治的に正しい」形態に近づく傾向にあり、その場合、最終的には残念ながら沈黙してしまうことになる。

Ⅱ　補償教育と排除に対する戦い

異文化間教育は、経済活動や社会活動のなかでの機会均等や最善の社会編入を進めるうえでの道具としても規定されている。[2] その目的は、社会文化的環境開発の不十分さを補うことにある。フランス語の欠落を補うという戦略的な観点から、フランスでは「入門クラス」（一九七三年から設置されたCLIN）や、スイスやケベックでは「受入クラス」と呼ばれるものが設置された。（少数民族や移民の）不平等を減少させ、学業の挫折に対抗する意思は疑いの余地はないとはいえ、その手法について問いただすことは妥当であり、それは特に「アファーマティブ・アクション」の考え方や、リメディアル教育、再教育、補償といった治癒的価値の用語に基づいて行われる場合にあてはまる。異文

1　訳注：「ロマ」とはこれまで「ジプシー」と呼ばれてきた民族集団の自称。
2　L. Porcher, *op. cit.*, 1980 ; M. Pagé, *Courants d'idée actuels dans l'éducation des clientèles scolaires pluriethniques*, Montréal, Conseil supérieur de l'éducation, coll. « Études et recherches », 1993.

化間教育と補償教育の結びつきは、差異に関する議論の隘路や限界に新たな意味を与える。[1] 一九六〇年から一九七〇年代に通用した社会文化上の障害という概念は広く反論されたものの、文化面での差異という形態で存続している。このような観点からみると、差異は欠陥やハンディキャップと同一視され、そのために支援クラスや補習クラス、生徒の現状を再び回復させるための補償教育がおかれる。それにはさまざまな形態があるだろうが、この教育の試みは、あるグループに所属していることが態度や社会での振る舞い、ひいては認知行動の上位にあることを前提にしている。こうした政策は幾度も失敗に終わっているために、活動そのものが疑問視されているが、ユートピア症候群の考え方にとらわれている限り、いつも「同じこと」を繰り返すことになる。さまざまな措置や対応（さまざまな支援や援助）は経験に基づくもので、一つ、あるいは複数の認知上の発展理論や学習の理論に結びついていない。[2]

政治や経済の課題ならびに労働争議によって、議論は排除との戦いや社会的結束性の強化へと向けられてしまった。そこでは、異文化間教育が社会的結束性や治安の要因になってしまっている（J・ドロール）。さまざまな形態で社会から周縁化され排除されるといった極端な形で日常的に他者と向かいあっていることは、以下の点を引き出せるかもしれない。

1　説明と原因の順序を求める（その結果、「問題の核心部分」に達することが遅れる）

われわれは文化に説明としての価値を与えている。異文化間教育はこのような解釈と同一視されてしまうことが多く、文化を一元的に、また決定論的に考えるといった、行き過ぎた文化本質主義にいたる。

現在のところ、学業の挫折は文化的要因から説明されるようになったが、以前は心理学的要素（知能指数の考え方）や社会学的要素（社会文化上のハンディキャップ）などによって分析されてきた。時代によって、心理学や社会学、文化といったものが解釈に重大な影響を与えてきた。さまざまな変数を分離したり、また現実を白黒で捉えたり、さまざまな原因を一つにまとめ上げて考察することこそが誤りなのである。文化本質主義はあるグループに所属していることをもとに行動を説明するが、これをあまりに進めると、複雑で矛盾に満ちており、したがって生命力にあふれている彼らの文化の内実を取り除いてしまう。

２　差異主義者の考え方についての認識を求める

他者と対立する自己の意識化に関するＨ・ワロンの研究[3]があるにもかかわらず、近年のおおかたの研究は一つの文化研究のために、すなわち文化をカテゴリーに分類することにより認識しようとするために、他者性の原理を除外している。他者の文化とは差異主義者のアプローチによって把握されるものの、差異主義者は文化の多様性に結びつくさまざまなプロセスを考慮に入れていない。文化を一つの同質的な実体

1　M. Abdallah-Pretceille, «Différence, diversité et pédagogie interculturelle», in *Les Amis de Sèvres*, numéro spécial sur la pédagogie différenciée, n°1, mars 1985.
2　J.-C. Forquin, «L'approche sociologique de la réussite et de l'échec scolaire», in *Revue française de pédagogie*, n°60, juillet-septembre 1982 ; Cresas, *Le handicap socioculturel en question*, Paris, ESF, 1978.
3　H. Wallon, «Le rôle de l'autre dans la conscience du moi», in *Enfance*, n°s 3/4, mai-octobre 1959.

として捉え、そのなかにさまざまな行動や状態を組み入れている。このようなアプローチは専門的研究（系図から見た子ども、コンゴ人の子ども、イラン人の赤ちゃんといった展開しつつあるニッチな概念）[1]を通じて、その差異や特異性に狙いをつけようとすることから、エスノグラフィーにあたる。この研究分野は文化心理学の動向の一つを規定するもので、本質的に「小さな社会」に向けられ、アメリカの文化人類学に深く結びついている。

不均質性、とりわけ文化面での不均質性の影響を受けた複雑な社会に関しては、残念なことにあまり研究がない。カルチュラル・スタディーズ（とりわけ移民に関するカルチュラル・スタディーズ）に関心が再び高まってきたが、これは移民の文化に関する知識を通じて他者を認識する研究に位置づけられる。カルチュラル・スタディーズは現代世界の多様性や混淆を認識するのではなく、間接的に文化本質主義や魅力的なエキゾティシズムや「奇妙な外国人」[2]の影響を受けたままである。「彼ら」と「われわれ」のあいだで「彼らとわれわれ」の関係は考慮に入れられることなく、「彼ら」が強調されている。現実の社会や文化を切り取ったモノグラフィー（外国人、移民、アジア系、郊外、「移民の第二世代」など）が増えたことは何の役にも立たず、むしろ教育や文化習得、社会化、コミュニケーションの過程について多元的な文化の力がどのような成果を生み出すのかを研究することが望ましいだろう。現代の子どもはごく幼い時期から多様な文化に直面している。社会化や文化習得は多元化しつつある。これまで均質であると考えられてきた教育や文化習得に多様なモデルがあることを把握するというよりも、その多様性をある種のプロセスであると認識し、その影響を理解することが重要なのである。これはまた「出身分野」や所属文化を解釈するにあたり、唯一の分析表に基づいたり、またそれを通じて子どもの発達や行動を分析することではない。

1 J. Rabain, *L'enfant du lignage*, Paris, Payot, 1979.

2 訳注：「奇妙な外国人」はジャック・プレヴェール（一九〇〇―一九七七）の詩「奇妙な外国人」（*Étranges étrangers*）の引用。この詩でプレヴェールは、フランスに暮らし、根なし草になった移民を描く。

第二章　一連の異文化間性

異文化間教育は一九七五年から（この年は、移民の子どもの就学との関連で異文化間教育に関する初めての通達が出た年でもある）矛盾を孕むと同時に論争となりうる関心の対象となっているが、言語教育や学校間国際交流、市民教育といった他の教育分野においても〔関心の〕強さが認められるようになった。また同じように、企業や企業管理、コミュニケーションもまたこの分野に関与するようになった。このときから、異文化間教育の課題は開放という観念に結びついている。すなわち異文化間教育は、言語や文化（移民の文化やヨーロッパの文化、地方文化など）に自己を開放するといった観念であり、国際交流による自己の開放、メディアや旅行、新しい技術などを通じて世界に自己を開放するといった観念と結びついている。

I　外国語としてのフランス語（FLE）と現代語

出身国の言語文化教育（ELCO）は一九七三年（フランスとポルトガルが初めて協定を締結した年）に導

入されたが、地域言語文化教育が初等教育に導入されたのは一九七五年のことである。欧州地域語少数語憲章（欧州評議会一九九二年）はその前文で異文化間教育と複言語主義の価値をはっきりと強調している。日常生活の国際化や欧州統合、移民や難民の動向、地方分権、欧州交流プログラム（ソクラテス計画、ペトラ計画、テンプス計画、コメニウス計画など）は異文化間教育や複言語主義が再び勢いを盛り返したことを明らかにしており、このために異文化間教育は例外的なものではなくなりつつある。

・欧州評議会による研究

一九六二年以降、「現代語」プログラムは欧州評議会の欧州文化協定のなかでの優先課題となっている。このプログラムはコミュニケーションを奨励しようとしているだけではなく、ヨーロッパや国際社会の認識を深めることも狙っている。一九六九年に採択された決議により三つの研究計画が編成された。第一のプロジェクト研究（一九七一―一九八一）は外国語学習を現実の日常生活に結びつけるもので、言語能力の獲得を学習者のニーズやモチベーションに対応させ、ヨーロッパ内での市民の移動を発展させるようなコミュニケーションの要請に応えようとするものであった。このような考え方のもとに、いわゆる「スレショルド・レベル」[1]が十三言語によって作成され、公開された。その目的とは、外国での日常生活のな

1　訳注：「スレショルド・レベル」とは外国語教育・学習において自律的学習者がサバイバルレベルを超えて、外国語による最小限のコミュニケーションを行うための能力レベルを指す指標で、英語版が一九七五年に刊行さ

かでコミュニケーションに必要な知識や態度を規定することだった。英語版『スレショルド・レベル』は一九九〇年に改訂され、社会文化能力や方略能力が組み込まれたが、これは言語が言語活動の道具だけではないことを伝えるものだった。

第二のプロジェクト研究（一九八二—一九八七）はコミュニケーションに特化し、外国語学習をコミュニケーションの観点から位置づけようとする独創的なものだった。その一方で、教師や行政官、編集者、教育指導主事などの国際交流や会議のための大きなプロジェクトを始動し、コミュニケーションの概念について実験的な基盤となった。

第三のプロジェクト研究は「外国語学習と欧州市民性」と名付けられており、さまざまな研究テーマを発展させたものだった。ＩＴＣによる「学びの学び」といった目標に加えて、バイリンガル教育[1]（外国語を使って、一教科ないし複数の教科を学ぶ）や国際交流を通じた教育もあった。国際交流を通じた外国語学習はいまや外国語教育の一部となっている。このプログラムはこれまでの研究プログラムの深化であり、継続するものであるが、なかでもとりわけ評価と免状に重点を定めている。「ヨーロッパ言語ポートフォリオ」[2]が作成されたことにより、個人は、公教育あるいはそれ以外の教育を問わず獲得した外国語学習の経験を価値づけることができる。

外国語学習は実用目的（日常生活へ、さらには現代世界への関連づけ）から出発して、さまざまな価値観へ、また市民性や人文主義といった価値観へと少しずつ移行してきた。外国語教育に関しては前述の変動が、すなわちもはや文化ではなく他者性に向けて自己を開放する動きが認められる。欧州委員会はさまざまなプログラムを通じて、なかでも言語教育に関連するリングア計画を通じて、欧州評議会の方針とこれまでの成果を継承している。

・諸言語から文化へ

一九八六年以降、L・ポルシェの支援のもとに、異文化間教育は外国語としてのフランス語教育にまで発展していった。外国語教育は社会や（経済的な意味での）市場の巨大化に直結して目覚ましい変化を遂げ、（ITCやグローバル化といった）経済情勢ならびに社会構造の変化に適応している。外国語の知識は誰にとっても優先課題となった。外国語の知識は（英語だけではなく、複数言語の習得が条件となるものの）、学校教育や就職での選抜基準となる可能性が高いといった仮定が立てられるであろうし、おそらくこれは間違いないだろう。英語はこれまでも重視され、また現在でも重要ではあるものの、英語ができることは当然となり、履歴書のなかでの特記事項にはならない。英語を習得していないことはもっぱら欠陥事項と見なされるのである。これに対して、複数言語能力は英語以外の複数言語を習得することが重要になる。

れ、現在まで二十四言語について刊行された。

1　訳注：ここでのバイリンガル教育とは、CLIL（内容言語統合型学習）を指す。

2　訳注：二〇〇一年に欧州評議会が外国語学習者向けに開発して教育資材で、学習者が言語能力を自己評価するための言語パスポート、外国語学習や異文化体験の振り返りを記述する言語バイオグラフィー、学校内外での言語能力の成果物を収集するファイルから構成されている。

このような分析を、学校で複数の言語能力を養成することの困難さと関連させるならば、これからの学校や社会のなかで、言語は選抜機能を担っていくことが容易に理解できるであろう。単一言語主義から複言語主義への移行はまさしく変化であり、重大な挑戦なのだ。

第二の挑戦とは、文明教育が文化教育へと変化することにより、言語能力が文化能力へと拡大したことにある。[1] 言語能力は必要であるにせよ、コミュニケーションを目指す場合にはそれだけでは十分でないと現在では考えられている。その結果、異国性や言語文化の他者性の学習は特別な能力の養成を経由することになったのである。言語を学ぶとは「ある社会共同体が機能するうえでの分類法を知覚できるようになることであり、したがって、ある場のなかで、何がこれから起こるのかをあらかじめ知ることである。つまりその場の主人公と適切な関係を維持するために、どのような行動をとればよいのかを知ることである」。[2] 外国語を学ぶとは、自分のものとは異なるものの見方を通じてモノや人の見方を学ぶことである。ある異なる国を知るのにジャーナリストや観光客の抱くものの見方に還元されないほうがよいとすれば、ものの見方を学び、分析を学習することが望ましい。「文化」の学習は長いあいだ言語学に牽引されてきたが、現在では明確になり、目的も発展し、特別な研究方法も生まれ、ステレオタイプに関する著作や[3]表象に関する研究があらわれている。[4] エスノグラフィーの発展は言語にかかわる領域を拡大するうえで役立った。しかしながら、多くの疑問も生じている。というのも、言語もまた社会的ネットワークの多様性と不均質性の影響を受けているからである。

文化能力は（言語能力との類比のもとで）文化にかかわるニーズ分析をもとに定義されるものだろうか。

話者がある状況で必要になるような文化情報や知識とはどのようなものだろうか。文化教育の「文法」やガイドは次々にあらわれている。[5] しかしこのような事実に基づく知識が本当にコミュニケーションを助けるのかといった疑問は残る。これに対してさまざまな回答があらわれ、文化本質主義と異文化間主義、文化能力と異文化間能力といった対立が生み出されている。第一の仮説は、文化（ならびに言語）知識に重点を置き、民俗学的な研究に依拠する。第二の仮説は、コミュニケーション能力は言語によるやりとりのなかでの文化を見極める話者の能力にあると主張する。このような見方をすると、異文化間能力のアプローチは文明教育のアプローチを現代風に言い換えたものではなく、事実や年表、建築物、文学作品、芸術作品の一覧表に対応するものではなくなる。ドイツやフランスについて学べばよいものではなくなり、

1 M. Abdallah-Pretceille, « Approche interculturelle de l'enseignement des civilisations », in L. Porcher (dir.), *La civilisation*, Paris, Clé International, 1986.
2 L. Porcher, « Programme, progrès, progressions, projets dans l'enseignement/apprentissage d'une langue étrangère » in *Études de linguistique appliquée*, n° 69, 1988. P. 92
3 V. Pugibet, in *La civilisation, op. cit.* ; A. Cain (dir.), *Stéréotypes culturels et apprentissages des langues*, Paris, Commission française pour l'Unesco, 1995.
4 G. Zarate, *Représentations de l'étranger et didactique des langues*, Paris, Didier, coll. « CREDIF », 1994.
5 P. Watzlawick, *Guide non conformitst pour l'usage de l'Amérique* (1978), Paris, Le Seuil, 1987 ; E. T. Hall, M. R. Hall, *Comprendre les Japonais* (1987), Paris, Le Seuil, 1994.

ましてドイツ人やフランス人を抽象的な集合体として捉えることではなく、あくまでも個人とコミュニケーションを行うことになる。その場合、ドイツ人やフランス人であることはアイデンティティをあらわす特徴の一つとなる。

文化教育・学習には識別可能で明確な、固有の対象があるのだろうか。一九八〇年代にはとりわけ外国語としてのフランス語の領域でその記述化が試みられてきたが[1]、その十年後にはコミュニケーションの概念が拡大し、疑問視され、根本的に言語学に依拠する言語教育学が後退したことから、そのような記述化の試みのあり方は問題となった。コミュニケーションのエスノグラフィーを言語教育学に応用した研究[2]やコミュニケーション人類学に基づく研究など[3]、さまざまな対立はあるものの、このような研究の発展は文化を言語のなかではなく、コミュニケーションのなかに改めて組み入れ、コミュニケーション活動が社会的行為として研究の中心を占めるようになった。M・アブダラ＝プレッツェイユはコミュニケーションにおける誤解と機能不全を区分している[4]。誤解の原因は文化的特徴を理解していない点にあるものの、悪影響はコミュニケーション関係に及んでいない。それに対して、機能不全はコミュニケーション関係が最初から悪化しているもので、それは個人がことばやノンバーバルな表現によって伝えたものだけではなく、コミュニケーション上のやりとりによって得られる利益との関係から、個人が操り、さらには歪曲している文化事情に基づくものだからである。このような点で、文化事象は人間関係の悪化を予想させる役割をも担う。それはある文化に属していることの記号ではなくなる。

・実用主義と人文主義の境界にある言語と文化

これまでのところ、われわれは言語教育から文明教育へ、そして文化教育を検討してきたが、現在は言語教育の実践の外部でカルチュラル・スタディーズが発展している。[5] 国際社会のなかで人間の出会いが増加し、ありふれた出来事になっていることから、言語における他者性と文化における他者性のあいだにずれが生じ、文化における他者性が重視されるようになっている。複言語主義が発展し、また発展するよう促されれば、文化体験はよりいっそう豊かなものになり、またいっそう広がるだろう。カルチュラル・スタディーズの発展は社会からの要請が増加していることを伝えている。こうしたカルチュラル・スタディーズは文明教育やエスノグラフィー研究を、単純にまた安易に反復するものではない。カルチュラル・スタディーズとは現在のところ構築されつつある分野であり、その対象や方法論は異文化間教育を参照のうえで規定されている。

---

1 L. Porcher, M. Abdallah-Pretceille, G. Zarate の研究を参照。

2 G. D. de Salins, *Une introduction à l'ethnographie de la communication*, Paris, Didier, 1992.

3 M. Abdallah-Pretceille, « Compétence culturelle, compétence interculturelle. Pour une anthropologie de la communication », in *Le français dans le monde*, Recherches et applications, janvier 1996 ; Y. Winkin, *Anthropologie de la communication*, Bruxelles, De Boeck Université, 1996.

4 *Op. cit.*, 1996, 1999.

5 M. Byram, *Culture et éducation en langue étrangère* (1989), Paris, Hatier, 1992.

言語学に基づくものであろうと、カルチュラル・スタディーズに基づくものであろうと、言語教育学はこれまでのところ本質的に道具となることを目的としていることに間違いはないが、他者性を解明するにあたっては、機能主義や単純化された実用主義に陥るおそれがないわけでもない。文化や異なる人々との出会い、国際交流などを通じて他者性の課題を浮かび上がらせようとすると、人文主義的な次元が再びあらわれることになる。ここでの人文主義とは人間が人間をよりよく知ることを目指すものである。

II　学校間交流と教育交流

相互関係や相互理解を改善し、その促進を目的とする国際交流の実践は、増加してきたとともに一般化してきた。旅行や、外国人との接触や出会いは、人種差別や外国人排斥、偏見と闘うための優れた方法と見なされている。このような暗黙の前提は政治団体の責任者や政策決定機関、教育者などにも広く共有されているものの、改めて考え直す必要がある。実際のところ、多くの研究によれば、ステレオタイプや偏見は国際交流によって必ず減少するわけではない。外国人と接触したからといって、偏見が次第に減少することを証明するものは何もない。それどころか、体験はその名のもとに（「私は見た」とか「行ったことがある」）、誤った考えやイメージを正当化するために使われることがよくある。国際交流や国外旅行は出発の時点にもまして、外国人嫌いの観念を抱いて戻ってくることも珍しいことではない。とはいえ国際交流や出会いのユートピアは、個人やグループ間の関係の悪化に対する打開策として発展してきた。C・タピアは一九七三年からパリのベルヴィル地区の学校（ベルヴィルは文化の不均質性が特徴となっている）の生徒を対象とする研究で、[1]さまざまな文化グループに毎日のように接触していたにしても、調整機関からの介入がなければ望ましい態度や見解を育むにいたらないことを検証した。F・S・C・ノースロップもまた、直接的な体験が適切な知識を提供すると思わせるのは幻想であると告発している。[2]むしろ逆に東洋を知るには東洋で生活することが必要なのではなく、東洋人としてさまざまな体験をする必要性を強調している。ノースロップは中国文学や中国の文献研究を行えば、逆説的なことに中国を知ることになると主張する。

欧州連合はそのプログラムを通じてこのような「アクションとしての教育」に関心を示している。そのような試みはもっぱら慶賀に堪えないが、語学留学がますます「インスタント化される」ことによって「他者性の商品化」が実現しており、これは公的機関の支援を相当に受けている。その一方で、残念なことに、外国語学習の重要性は重視されていない。体験や活動だけでは教育や研修の質を保証することには

1 C. Tapia, «Contacts interculturels dans un quartier de Paris», in *Cahiers internationaux de sociologie*, vol. LIV, 1973.

2 F. S. C. Northrop, *The Meeting of East and West*, New York, Macmillan, 1946.〔F・S・C・ノースロップ『東洋と西洋の会合』上・下巻、桜沢如一・田村敏雄訳、世界政府協会、一九五二〕

ならない。体験が実り豊かなものになるためには、教育が体験に先立ち、また体験を伴わなければならない。だがどのような条件のもとに、どのような形態の教育を行えばよいのだろうか。ここには真剣に考察を進めなければならない研究課題がある。国際交流をもっぱら主催者や参加者の自発性や善意にまかせてはならない。むしろ教育目標を出発点として（教育目標を教育活動と混同してはならない）真の教育計画を策定することによって、国際交流を支えなければならない。異文化間教育は概念装置や方法論を備えていることから、国際交流に対する考察や教育活動の枠組みを提供することができる。

数十年前から独仏青少年交流公社（ＯＦＳＪ）[1]は国際交流事業、とりわけ学校間交流事業を行い、公務員中心主義、官僚体制を脱する手段として異文化間教育を捉える事業を行っている。同様に欧州評議会も一九九〇年から地元の組織や地方、国、国際機関などで働いている青少年教育担当者に向けた異文化間教育の集中プログラムを開設している。欧州評議会の青少年問題担当者や青少年にかかわる国際機関は社会福祉の整った欧州を作り上げるために、文化的多様性に向き合わねばならず、社会的結束性や異文化理解の促進のために具体的な教育活動が必要であると考えている。[2]

・語学留学から国際交流へ

基本的に学校間交流は言語能力を発展させるための手段であると考えられてきた。この場合、コミュニケーションは言語の次元に還元されている。しかしながら、言語運用能力の改善は予期していたものを下回っていた。その成果はこれまでも、また現在でも相変わらず十分な説得力をもつものではない。日常生活のグローバル化や国際社会の緊密化によって、目標の拡大や深化を支えるための、言語と語学留学の一対一の対応が急速に発展している。

他者との出会いとは、「相手のことば」を使うことだけではない。言語能力だけではなく、それ以外の能力、すなわち共感能力、コミュニケーション能力、グループ間での交渉能力、人的関係能力などを発展させる必要があり、これらの能力がなければ、言語学習は機械的なものになってしまう。言語知識とは逆説的なことに、「他者」との出会いを隠すもので、もし言語知識が他者にかかわる教育を伴わないのであれば、儀礼的なオウム返しや、洗練され一般化された形での社交上の自閉症を発展させることになる。

現代社会は国際交流について出会いや連帯、協力、参加といった理念を推進するよう、狭い意味での言語教育にかかわる枠組みを拡張してきた。このような場において、歴史や美術史、技術など他の教科の教師もますます語学教師に接近している。言語は国際交流の道具となり、もはや一つの目標ではなくなっている。現在では学校間国際交流は語学教育にかかわるだけでなく、人格教育や職業教育にもかかわること

1 訳注：ド・ゴール大統領（当時）とアデナウアー首相（当時）のもと、一九六三年にフランスとドイツの青少年の交流や相互理解のために設置された国際組織で、学校間交流や外国語学習などを推進している。

2 D. Rowles, *Comment former aux liens et échanges scolaires par une approche interculturelle*, Strasbourg, Conseil de l'Europe, 1992.

になる。すべての教育や研修は外国語学習プログラムを伴うことを条件として、このような経路をたどることになる。

・国際交流に向けた異文化間教育を目指して

独仏青少年交流公社（ＯＦＳＪ）の推進した研究は、特別な教育的枠組みの創出に大いに貢献した。「国際交流の教育学」とよぶ研究者もいれば、[1]「国際社会の教育学」と呼ぶものもおり、[2]さらには「文化越境能力」と呼ぶものもいる。[3]このような研究や実践のおかげで、外国人と出会うだけで外国への関心や対話を十分に推進することができるといった、まことしやかな観念を打破する合意が生まれてきた。そこで、教授法や教育学は、以下のポイントを中心とする提案を展開している。

1　国際交流の具体的な実施を考えることが重要な課題ではない。他者性への教育という目標のなかで、国際交流や出会いの場を分析することが重要なのである。学校や校外団体はこのような教育を組み入れる必要があるが、これはさまざまの価値観を異なる手法で結びつけることになる。国際交流は（哲学や歴史、文学、語学など）あらゆる教科と変わりなく、教育の道具にほかならない。若者は道具としてのみ国際交流を求めているのではなく、世界をよりよく知ることを望んでいるのである。

2　国際交流から何らかの神話を取り除かなければならない。その神話とは、協調であり、自発性、正真正銘のコミュニケーション、相互の共感、国民のあいだの友愛、文化間の対話などである。というのも、これらの神話は人間関係を健全化することにほかならず、とりわけ人間関係を非現実の世界やどこか別の場所に位置づけてしまい、日常生活に位置づけないからである。実際のところ、日常生活はさほど熱気にあふれたものでもなければ、理想的なものでもない。個人を集めてグループを作ればよいというものでもなく、さらにはお互いを受け入れるために接触すればよいというものでもない。

3 国際交流では類似点を顧みることなく、相違点を協調することがあまりに多い。前述の行き過ぎに加えて、このようなアプローチは知的に豊かな成果を生むものではなく、対象の外部にとどまってしまう。国際交流というアプローチは、ちょうど美術館に置かれた作品が文脈の外部に差異を定め、それを強調しているように、エキゾティシズムを本質としている。実際のところ、差異を浮かび上がらせるには差異を確認するだけでよいのだが、類似点を認めるには研究という認知上の手続きをとらなければならない。ある文化を把握するとは、文化現象を数え上げることや、一連の儀礼を神話、実践へと単純化し、細分化したものの見方を乗り越えることである。むしろ分割された知識を越えて、整合性や共通点を探るように努めなければならない。差異とは所与のものであるが、類似点は構築された知的操作の成果であり、細部や直感、客観性といったレベルを乗り越えるものである。

1 L. Colin et B. Müller (dir.), *La pédagogie des rencontres interculturelles*, Paris, Anthropos, 1996.
2 J. Demorgon, *L'exploration interculturelle. Pour une pédagogie internationale*, Paris, Armand Colin, 1989.
3 G. Baumgratz, *Compétence transculturelle et échanges éducalif*, Paris, Hachette, 1992.

4　国際交流の価値とは他者性を指数関数的に認めることであり、それは国際交流により増大し、継続する。実際のところ、他者との出会いを通じて他者性をいっそう強烈に、また時にはいっそう華々しく体験することができる。このような状態は、日常生活や近隣の環境に埋没し、平凡なものとなっている外国語学習を鼓舞することができる。他者との出会いを通じて、国際交流はアイデンティティの構築にかかわるのである。J・R・ラドミラルとE・M・リピアンスキーは、二つ、あるいはそれ以上の国籍から構成された人々のグループ・ダイナミクス[1]を研究するにあたり、言語上のやりとりではなく、アイデンティティに関する方略や自己防御の仕組み（防御や対立、否認、理想化など）を考察するとともに、出会いのなかでの国民アイデンティティについての考察を行った。[2]

5　国際交流の実践は人間関係の非対称性を生み出すもので、主として「他者」へと注意を向ける。ところが問題は、「他者」認識だけではなく、個人に固有のアイデンティティにかかわらざるをえない人間関係にあり、関係やコミュニケーションを通じて作られたアイデンティティが問題となり、孤立し、内面の深奥にあるアイデンティティこそが問題となる。言い換えるならば、われわれはある状況に定められたときに自分が誰であるかを知り、フランス人であるとか、ドイツ人であるなどみずからの（さまざまな）あり方を客観化するよう学ぶようになる。異文化間教育の観点からすると、重要なのは主観的な行動なのである。

6　学校間交流は個人間と学校間を見事に結びつける。これはより構造化されている。学校や大学、地方自治体や地域の国際交流はますます組織化され、体験や善意、旅行への関心といったものから脱しなければならないと認識するようになっている。国際交流はもはや単なる組織運営に属することだけではなく、教育政策の一環ともなっている。

7　国際交流に関する一連の教授法と方法論はすみやかに発展している。国際交流は、家族間での素朴な交流や第二次世界大戦末期から広まった学校間集団文通から始まり、現在では、なかでも社会心理学や文化人類学（たとえば「評価グループ」など）[3]に起源を持つ概念や方法論の原理に基づく教育学へと、ゆっくりと移行していった。新たなるＩＴＣはビデオレターやインターネットなどの潜在力を高めている。実践や調査研究の場は拡大し続けているのである。

8　国際交流をめぐる評価の課題はほとんど把握されていないことから、今後の議論が求められる。選択した目標に応じたさまざまな疑問にあらかじめ回答をしなければならなかった。これは言語教育を目標とするのか、文化教育を目標とするのか、それとも態度の変化を狙ったものなのだろうか。Ｂ・ミュラー（ドイツ、ヒルデスハイム大学）は演劇批評を評価法として提唱する。ミュラーは、国を超えた出会いが異文化との出会いにふさわしい場となるかを検証するために、演劇を体験することが一つ

1　訳注：社会心理学の一分野で、集団のなかでの人々の思考や行動を研究し集団的行動の発生を探る。
2　J-R. Ladmiral et E. M. Lipiansky. *La communication interculturelle*, Paris, Armand Colin, 1989, 318 p.
3　E. M. Lipiansky, « La formation interculturelle consiste-t-elle à combattre les stéréotypes et les préjugés ? » Texte de travail de l'OFAJ, n° 14, 1996.

の方法であると提唱している。演劇によってわれわれは鏡の役割を果たす体験ができるとともに、日常の現実に対するかかわりを変えることができる。

われわれは虚構の世界によって罪悪感やおそれを抱くことなく、異文化との出会いを体験することができる。B・ミュラーにとって、異文化との出会いを組織化することは学習内容を準備し、伝達することではなく、出会いの場を整備することなのである。この場合、出会いの場を作ることは仲介者の役割となる。

Ⅲ　市民性のための教育

多元的社会における市民性の教育課題は二つある。一つは、ますます不均質になってゆく社会のなかで民主主義の価値観や共通の価値観を創出することである。もう一つは、市民性の関係を多元的な従属関係から捉えることであって、唯一性の排除だけに基づいて市民性を考慮に入れるのをやめることである。実際のところ、ヨーロッパ人としてのアイデンティティは国民アイデンティティを排除するものではない。また国民アイデンティティも地域アイデンティティや他の形態のアイデンティティを排斥するものではない。二つの国家に所属していれば、異なる二つの国で投票をすることができる（これを研究している政治学者はまだ少ない）。アイデンティティとは加算的であって、減算的ではなく、また対立するものでもなく、集団の歴史や個人の歴史など、参照機能が多様で「可変幾何学」のように絶えず変化し続けるもので、多元性や複合性、交渉や戦略といった用語によって考察されるものである。

市民権はある地位に関連している（フランスにおける市民権は投票権や国籍に結びついている）とともに、能力や権力、行動する意思にも関連している。現在のところ問題となっているのは、この二つのレベルを包含していないことである。本書では政治的法的局面を論ずることができないが、このような問題を踏まえたところに教育問題があり、学校だけでは不完全さ、ひいては法的欠落の箇所を補うことは断じてできない。学校だけで社会の計画を定めることができないのである。というのも、学校はそれ自体が組み込まれている世界を映し出すものにほかならないからである。学校は全体の意思に基づいて市民を形成することに寄与するものであり、権利だけに基づく市民を形成するものではない（以下参照）。それにあたっての、障害や問題点、限界はどのようなものだろうか。また何を根拠とするのか、どのような組織的な方針があり、どのような成果があるのだろうか。統合を可能にする要素はどのようなもので、集団アイデンティティを生み出す求心力の強い要素はどのようなものだろうか。この課題がフランス国内ならびにヨーロッパ全体においても重要であるのは、これがヨーロッパ市民権をも決定するからである。[1]「民主的市民権へ向けた教育」というプロジェクトは欧州評議会加盟国の元首・政府首班サミット（一九九七年）で決定されたが、これは二十一世紀のヨーロッパ市民の価値観や能力を決めることを目標としていた。そこで

1 M. Abdallah-Pretceille, *op. cit.*, 1994, 1998.

新しく出された言説とは、共通の市民的規範（たとえば、ケベックについては「共通の公共文化」）を定め、その価値を高めることの必要性を検討するものだった。市民権とはつねにそれが創出された条件にかかわるものであることから、異文化間教育や市民性教育は（欧州評議会の主張するように）市民権に対してますます相補的なものと考えられている。[1] J・ルカは帰属の市民権と関与の市民権を区別しており、[2] 帰属の市民権は「個別性と一般性」「共同体と社会」「上と下」といった三つの軸に沿って展開する。これに対して、関与の市民権は「公共と個人」「順応と自律」「権利の承認と義務の認識」によって構成された緊張関係にある三つの軸をもとに形成されている。公共心についてみると、ルカは公共心を市民権の最後の特徴と定めており、公共心により社会的な差異と共通の帰属とのあいだに存在する緊張関係を切り抜けることができるとする。

1　多様性を承認する条件としてのライシテ

以下の問いかけとの関連を見ると、ライシテは将来性のある効力であると考えられる。統合と原理主義のあいだでの多様性を管理するとの観点から見ると、ライシテは存在にかかわるとともに、具体的な将来展望を示している。[3] 多様性についての合理的なアプローチに従えば、ライシテが単なるイデオロギーでもなく、また組織化のための単なる原則でもないという再確認へと導かれる。しかしライシテは新たな議論や再交渉の対象となるものである。というのも、欧州統合に見られるように、情勢は変動しており、交渉相手はさらに多くなっているからである（たとえば、イスラームの発展だけではなく、他の宗教、とりわけオリエント世界の宗教の発展も著しい)。この問題をめぐるフランスの立場は少数派のものだが、その立場の妥当性が脅かされるわけではない(分析や立場の正しさは単に数値やパーセントに結びついているものではない)。ライシテは整合性のある社会の追求にかかわるもので、これは社会を固定的な状態で考えるのではなく、絶えず構築するものとする考え方に基づいている。

問題となるのは原理となるライシテであり、イデオロギーとしてのそれではない。ライシテは個人や集団の特性を保持する態度を乗り越え、その表現を認めるものではあるが、「共生の意思」の原則を見失うものではない。フランスにおいてライシテとは参照のライシテであって、位置づけのためのものでもなければ、イデオロギーとしてのものでもない。このような意味で、ライシテとは政治に属する問題であって、宗教に属する問題ではない。というのも、ライシテは万人に共通の課題であり、これは差異を乗り越えるからである。ライシテはまた宗教に結びつくものでもない。というのも、国家に依拠しているからである。

1 C. Birzea, *Stratégies pour une éducation civique dans une perspective interculturelle*, Strasbourg, Conseil de l'Europe, 1993.
2 J. Leca, « Construction du concept de citoyenneté », in P. Birbaum et J. Leca (dir.), *Sur l'individualisme*, Paris, Fondation nationale des sciences politiques, 1986.
3 M. Abdallah-Pretceille : « Laïcité entre intégration et intégrismes », In *L'école : diversités et cohérence*, Paris, Nathan, 1996 ; *op. cit.*, 1998.

同様に、（フランスの）ライシテは、たとえばベルギーで実践されているようなさまざまな選択肢の一つとして存在するものではない。宗教やイデオロギーが集団として位置づけられ、また民主的に策定された政策の枠組みに、さらに人権の尊重に位置づけられる限りにおいて、ライシテはさまざまな宗教やイデオロギーの共存を可能にするものである。すべての宗教は当然のことながら、ライシテに反対しており、公共の共同体空間の管理のなかでしかるべき場所を要求してきたし、また現在でもいくつかの宗教団体はそれを要求している。フランスの歴史を見ると、ライシテは闘争を通じて構築されてきたのだが、今日でも再び主張され、強化されるために依然として闘争を行わなければならないとすれば、ライシテがその原理の効力を何ら失っていないためである。

国家の中立性を示す原理としてのライシテは、教会と国家の分離を示す原理としてのライシテ（一九〇五年法）に対立することが多かった。ところが、教会と国家の分離こそがライシテに必要な条件なのである。ライシテは良心の自由に対立するものではなく、むしろ良心の自由を保障するもので、それはなかでも公共空間と私的空間を区別することに基づいている。そもそも、この二種類の空間を混同するために、現在ではライシテや宗教の位置づけ、異質な文化の承認をめぐる議論が困難になっている。

信教の自由は国家のライシテ（国際法やEU法を参照）を代替しようとしている。信教の自由とは諸宗教の平等な取り扱いを意味するものではまったくのところないし、また宗教による紛争や虐殺、暴力をなくすものでもなく、むしろ過去の歴史や現在の微妙で深刻な状況を見ると、それらは多くの宗教戦争を起こしている。これまでのところフランスではライシテが宗教戦争を終わらせ、社会に平和をもたらしたことを思い起こす必要があるだろう。ライシテが宗教を否定したことは一度もなかったし、むしろ宗教を承認し、すべての宗教表現を可能とするような場を与えている。

さらに礼拝と宗教を混同することが議論をわかりにくくしている。宗教は個人の私的な信仰に基づくものだが、礼拝とは市民社会のなかでの個人の選択の表現だからである。そのために国家は礼拝に関与し、まさに信教の自由を保障しなければならず、それにあたっては民主主義の手続きに従って規定された共通の価値観を、とりわけ人権に一致する共通の価値観を厳格に尊重しなければならない。

ライシテは民主主義と同じくらいダイナミックな考え方であり、改めて見直され検討される必要がある。それは、ライシテを新たな合意の対象とするためであり、ライシテは共通の価値に基づく共生の基盤であり、現在では、教育や、さらには宗教へと拡張する傾向にある。商品として消費される教育というものの見方に基づくものではない。

2　人権教育

人権教育とは、その内容を教えると同時に価値観を教えることでもある。人権教育の内容についてF・オディジエが幅広い角度から論じている。[1] 価値観は多くの国でさまざまな形態をとり、重要な位置を占

1　F. Audigier, *Éducation aux droits de l'homme*, Rapport de recherche, Paris, INRP, 1987 ; *Enseigner la société, transmettre les valeurs. L'initiation civique dans l'éducation civique*, Strasbourg, Conseil de l'Europe, 1992.

めている（以下参照）。人権は欧州評議会の基本方針のなかで中心的な位置を占めている。一九七八年から欧州評議会は人権教育のために異文化間学習に関する実に多くのセミナーを実施してきた。参考までに紹介すると、[1] 数多くのプロジェクトのなかには「民主主義、人権、少数者——教育ならびに文化に関する局面」（一九九三—一九九七）と題するプロジェクトがある。このプロジェクトはウィーンサミットの勧告を実施した形態をとっており、三点の目標に対応している。

1　市民教育や異文化間教育、民主主義の文化を発展させる。
2　民主主義社会のなかで多様性の管理にかかわる教育面や文化面を検討する。
3　教育権と文化権に関する政府の意向に沿った方針に到達する。

このプロジェクトの中心では、異文化間という枠組みを参考にしてさまざまな活動を通じて多様性の管理を考慮する必要性がさまざまな形式で取り上げられている。いまや異文化間教育は参照枠として認められるようになった。またその方針は人種差別や不寛容に対する若者に向けたEUのキャンペーン資料のなかに認めることができる。

3　態度と能力

異文化間教育は他の教育のように、態度や能力に基づくさまざまな価値観と結びついている。そもそもアメリカの多文化教育は反人種主義教育として定義されている。これまで反人種主義の運動はたびたび失敗に終わり、さまざまな形態での外国人排斥（外国人嫌い、民族排斥、原理主義など）が散発的に起こってきた。異文化間教育の基盤にかかわる問題を改めて提起するという意味において、人々の行動を変えうる教授法とはどのようなものだろうか。ここでは、問題の意識化と行動の変化が結びついているのかどうかは証明されていない。E・T・ホールによれば[2]、最もよく見られる場面では、問題の意識化が行動の変化に伴うものであって、その反対ではない。

・コミュニケーションからのアプローチ

知覚と認識、行動のマトリックスに、人間関係とメタコミュニケーションの二つの次元を持つコミュニケーションの概念を付け加えることができるであろう。パロアルト・グループの研究者が主張するように[3]、行動に影響を与えるのはコミュニケーションなのである。言語化を出発点とする行動の正当化を試み、新たな態度の獲得や新たな規範の統合に基づく授業計画を作成したのであれば、コミュニケーション

1 このテーマに関して欧州評議会の資料はさまざまなものがあるが、次の研究を参照。*The Challenge of Human Rights Education*, sous la direction, de H. Starkey, Londres, Conseil de l'Europe/Cassel, 1991.
2 E. T. Hall, Entretien avec M. Davis, in *La nouvelle communication*, Paris, Le Seuil, 1981.
3 P. Watzlawick *et al.*, *Une logique de la communication* (1967), Paris, Le Seuil, 1972.

の方策を具体的な次元で検討することが望ましい。「変化グループ」という概念はこのような意味での回答の試みである。このような方法はその理論的、方法論的基盤を心理学のさまざまな学派から獲得している。K・レヴィンのグループ・ダイナミクスやC・ロジャーズのエンカウンター・グループ[1]、精神分析から着想を得た診断グループ（ビオン、フォルケス、アンジュー、カエス、ルシーなど）、パロアルト・グループの体系的アプローチなどがある。このアプローチはメタコミュニケーションに基づくもので、「いま、ここで」行われることを言語化し、分析することに基づいている。[2] このような研究や考察には複数の国籍や複数の文化出身グループを結成する必要がない。むしろこの研究は類似点を重視する共同体に基づく。グループの不均質性が本質的な次元であるにせよ、それは研究や考察の条件となるわけではない。異文化間教育とは自己や自分の所属する集団にかかわる研究であると同時に、それを目的とするものでもある。[3]

・偏見とステレオタイプ

ステレオタイプや偏見についての研究は第二次世界大戦末期から発展し、知覚内容についてのグループ化の関係が重要であることを示してきた。[4] 同様に、権威的な人格をめぐるT・W・アドルノ（1950）の分析やフラストレーションをめぐるJ・ドラード（1939）の研究は偏見に対する戦いを罪悪感や教化といった用語を使用しないようにすることに役立った。

より近年の研究は先行研究の解釈の系統を再び取り上げている。社会情勢や政治情勢が変化したことにより、人種差別や外国人排斥の増加、民族や宗教、ナショナリズムなどに基づく集団の孤立化が顕著となり、この分野に関する研究は現在では社会認知学と呼ばれているものを通じて再び発展している。[5]

偏見やステレオタイプの研究は表象の分析や帰属の文化プロセスの分析を通じて行われる。この点では、社会心理学が教員養成にうまく組み入れられていないと指摘することができるが、これは残念なことである。しかしながら、個人間の関係やグループ間の関係は社会化や学習、クラスやグループの運営の中核にある。偏見は無意識や個人ならびに集団の想像力の世界に基づいていることから、安心の機能や、苦悩を減らし、補償をする機能を満たしている。偏見はフィルターのような働きをするものであり、知覚や分析を鈍らせる。この問題についての研究を再び取り上げることはできないが、もはや教員はそれらを無

1 訳注：ロジャーズが開発した集団心理療法の一つで、人間関係能力や心理的成長を目指す小規模のグループ体験を行う。

2 E. M. Lipiansky, 1996.

3 M. Abdallah-Pretceille, *op. cit.*, 1986.

4 O. Klineberg, *États de tension et compréhension internationale*, Paris, Medicis, 1951; G. Allport, *The Nature of Prejudice*, Cambridge, Addison Wesley, 1954; J. Maisonneuve, Opinions et stéréotypes, in *Introduction à la psychosociologie*, Paris, Puf, 1973.

5 R. Bourhis et J.-P. Leyens (dir.), *Stéréotypes, discrimination et relations intergroupes*, Bruxelles, Mardaga, 1994 ; G. Schadron el V. Yzerbit, *Connaître et juger autrui. Une introduction à la cognition sociale*, Presses universitaires de Grenoble, 1996.

視することはできない。[1] 偏見に対する戦いとは、学校間国際交流の目標の一つではない。むしろ偏見という概念について、またみずからに固有の人権について学習を行い、国際交流が偏見を強化する機会にならないようにするといった前提から出発する必要がある。これは自己省察的で間主観的な歩みにかかわるということであり、他者との関係について社会心理的な論理を理解することなのだ。[2]

・自民族中心主義と脱中心化、共感

エゴイズムに対する戦いは自民族中心主義に対する戦いにいたらざるを得ない。さまざまな世界のなかをさまざまなものの見方に従って動くことは現代世界に必要な能力である。これがなければ、われわれの思考や教育体系は衰退してしまう。相互理解を妨げる障害のなかにあっても、他者の立場に自分をおき、自分自身や自己の属する集団に対して外部からのまなざしを投げかけることを指摘しなければならない。脱中心化の能力は生まれつきのものではなく、体系的で客観的な学習が必要である。科学教育や、歴史教育、哲学教育は確かに脱中心化を行ううえで必要な教科であるが、そこでの知識や方法論はこれらの基盤となる価値に結びついていなければならないであろう。その目的は、個人や集団の価値観や関与について根本的な切り離しを進めることではなく、自分に固有の参照体系を客観化し、それとの距離のとり方を学ぶことで、つまり他者のものの見方が存在することを受け入れながらも、絶対的な相対主義と逸脱してしまうのではなく、一連の脱中心化をもとにして相対性の学習を根拠とすることなのである（ここでの相対性の学習と徹底的な相対主義を混同してはならない）。

このような異化の学習は発展に基づくものであるかもしれない。共感（この概念は教育のパラダイムに存在しないことが多い）[3]は認知上の手法や自己理解ならびに他者理解の手法に対応している。[4]共感は、感情のレベルに位置づけられる好感と区別すべきである。交渉や妥協とは、みな他者の立場に立つ能力や異なるものの見方や他者との連帯の実践に自己を投入する能力を想定している。[5]

価値観を求める教育はもっぱら個人の選択によるものではない。むしろ客観的で、客観化が可能な手法に基づき、印象に基づく考え方や相対主義や主観主義から脱却しなければならない。科学精神の育成と異文化間教育は実際のところ同一のパラダイムに属している。一つの文化ないし複数の文化を理解することは、分割されたものの見方を脱出し、文化を文化事象や特徴の羅列や祭儀、神話、実践の集合体に還元しないことであり、またモザイク状の断片的な知識を捨て去ることでもある。学校の役割とは根本的な文化の利用の仕方を学び、科学精神の展開を学ぶこと、つまり細部や直感、主観性のレベルを乗り越えるため

1 E. M. Lipiansky, *Bilan des recherches sur les stéréotypes et les préjugés*, OFAJ, 1996.
2 H. Nickas, «Du quotidien des préjugés et de l'apprentissage interculturel», in *Apprentissages, internationaux et interculturels* (1983), OFAJ, 1994 ; M. Abdallah-Pretceille, *op. cit.*, 1986 ; E. M. Lipiansky, *Les relations interculturelles consistent-elles à combattre les stéréotypes et les préjugés ?*, OFAJ, 1996.
3 訳注：異化とは差異のある二つのものを接近させるとき、両者の差異がさらに際立つこと。
4 J.-F. Held et P.-H. Maucorps, *Je et les autres. Essai sur l'empathie quotidienne*, Paris, Payot, 1971.
5 G. Gusdorf, *Introduction aux sciences humaines*, Paris, Les Belles Lettres, 1960.

に、自己に与えられたものを構築されたものに置き換えることである。差異の知覚は容易であり、直感的でただちにできる活動にあてはまるものの、類似性の知覚は概念化というよりも重要な能力を必要とするもので、一連の事実を把握して、そこから類似しているものを抽出することが必要である。これは客観化のプロセスであり、感情による価値判断に対立する。実際のところ、文化についての考察はこのような価値判断に安易に陥ることがある。異文化間にかかわる手法も疑問の投げかけを学び、複雑な課題を探求するものであって、簡単な課題を探求するものではない。

結論　多様性を目指す人文主義に向けて

文化的多様性について問いただすことは、政治活動、社会生活、市民生活への参与の形態について問いただすことでもある。文化的多様性は、政策上の計画と、社会・教育面における実に多元的な構造との適合性にかかわる喫緊の考察が必要であることを明らかにしている。学校は矛盾するさまざまな要求に直面している。一方では、重大で緊急を要する問題があるものの、他方、さまざまな分析に対応する手法は不適切で、理解されていない。移民という問題にかかわる呪文のように繰り返される言説以外には、多元的な文化を客観的にまた冷静に論じる方策がまだ何もないことがわかる。

確かに家庭とは社会化と「文化習得」の特別な場であるが、その家庭は宗教や文化、社会、民族、言語などの面でますます多様になっている。いまや多元性が子どもの社会環境の特徴となっていることはもはや否定しがたい。そして帰属するグループ以上に、行動の個別化、個性、自律化がこの不均質性を強化している。

学校とは学習のための協働の場であるものの、過剰なまでの均質性を求められて精彩を欠いた公共空間と、「差異の崇拝」のために細分化された私的空間のあいだで板挟みにあっている。学校は、一方ではいる。

明示的で疑う余地のない参照事項の欠如がますます深刻化し、また一方では「私は〜を行う権利を持つ」「私は〜することができる」といった権利の概念によって伝えられる参照基準が無秩序なまでに拡散している。

現代社会は原理主義やエスニック主義、アイデンティティに基づく孤立主義の再来とともに、国際化する日常生活の影響を受けている。逆説的なことに、文化的多様性はありふれたものになると同時に、誇大視されている。いずれの場合も、主として他者の文化が拒否や受け入れの対象となるものの、個別的で普遍的な主体としての他者を承認することはない。他者性は、帰属している文化やアイデンティティを重視することによって、ひいては重視しすぎることによって排除されてしまう。このような態度はカテゴリー化や人物描写、人物の特定を通じた他者の認識にいたる。他者を意識することと、他者についての知識は混同されており、それは残念なことである。というのも、他者についての知識は対象を事物として固定的に捉えることにほかならないからである。

学校は知識や能力、行動を技術として習得する場へとますます変化してきている。ところで、学校はもはや知の伝達の場ではないとすれば、ありふれた消費財の対象の一つになっている。学校を消費財とする考え方や利益第一主義の言説には（たとえ、公立学校の枠組みでは財政コストはゼロであるか、わずかであるにせよ）、価値論に基づく展望はない。そもそも、学校は価値観を明言することがなく、ひいては価値観を欠くことから学校教育による統合の過程が困難になっている。

フランスのなかで学校はつねに政治活動や社会生活の中核にあった。そして学校はあまりにも賞賛されていたところから、あまりにも役に立たないというところにまで評価が毀誉褒貶し、社会と政治の影響下にある社会構造や、ますます矛盾する点が明らかになる社会の表象や期待に翻弄されている。両親や各種団体、政府、教員、大学人、経済やイデオロギーに基づく圧力団体、さらには宗教団体が命令や要請、要求を増加させている。教育システムの中心に子どもを再び配置したものの、ここで取り上げるのがどのような教育システムであるかを明示することをすっかり忘れてしまったのだ。ところが現在では、価値観や共通の規範について、強固で客観的な合意はもはや存在しない。教育を論じることができるようになるのは、これまで集団のなかで共有され、民主的な手続きに沿って認められてきた参照基準をより理解しやすく、またより可視的によってでしかない。

学校が機能するためには、一人ひとりが学校の価値そのものに信頼を定めることが必要である。このような信頼感はさまざまな成果を経由するだけではなく、倫理性を提示し、整合的な価値観を経由して得られるものである。とりわけフランスにおいて教育が必要とすることを集団の計画や社会計画と切り離すことはできない（このような計画を一連の政治的措置あるいは技術的な措置と混同してはならない）。このような措置は、有権者の票数が表現している「民主主義の市場」や日常生活の運不運に応じて、緊急に決定されてきた。開かれた多元的な社会において、学校には存在理由が再び与えられるような価値観が定義され、さらにそれが再定義され、確認され、新しい方向に向けられると考えられる。

統合計画は長年にわたり、宗教団体を通じて、その後は共和国と国民国家の構築を通じて方向性が定められてきたのだが、現在のところ、その存在を確認することはできない。たびたび錦の御旗とまで呼ばれてきた「共和国の学校」の成功の起源は国民計画を表明することにあったのではないだろうか。これに異議を申し立てる者はいない。共和国の学校は、社会や経済の仕組みを規制することを求めるものではなく、(少なくとも今までのところは) 存在の次元においても行動や知識の適用を目指していた。しかし学校はもっぱら知識の伝達の場に還元されてしまったことから、市民の育成という学校のアイデンティティや、またその特殊性をも失うおそれがある。

現在のところ、学校はどのような市民を育成しなければならないのだろうか。またどのような社会を目指して育成を行うべきなのだろうか。「市民性」の用語 (この語はこれまで公共心と同一視されることがあまりにも多かった) を他のものに置き換えても、問題の解決にはならず、かえって問題を拡散してしまうことになる。

全体に向けた計画がないことから、子どもや青少年は家族や社会、宗教などの所属グループに送り戻されてしまう。学校や教育機関、教員はそれぞれの学校に固有の計画を制定するよう求められている (これはまるで、国による共和国の学校という計画では不十分であると伝えているかのようだ)。そのため逆説的なことに、私立の教育施設や地区や地域の施設が「学校」という共有施設へ関与する形態となっているのだが、これは混乱や不平等、分断を生むことにしかならない。

現在の課題は、組織面 (協定校や締結校を増やすこと)、技術面 (たとえばＩＴＣの導入など)、教育面 (リメディアル教育や学習支援など)、治安面、さらにまた少ないものの道徳面 (これは子どもや青少年、生徒だけに向けられている) といった一連の措置 (これはある政権から次の政権で矛盾していることが多い) を、命令口調で伝えるだけでは不十分である。このような提案は「外科的」方法にあたるもので、民主主義の手続きに従って決定された共通の規範や価値観に裏付けられた全体的な計画の欠落を示している。

多様性の影響を受けた世界において他者との出会いを学ぶことは至上命令となっており、もはや黙止的な表明では不十分で、明白な説明や実証による説明を必要としている。というのも、これに関する参照事項はもはや自然発生的に共有されているわけではないからである。

いまや、社会政策や教育関係者に対して、社会の根本からの変化によって促されている課題を把握しうるような、ダイナミックな理論を提唱するときである。実際のところ、文化の不均質性は紛れもなく社会の主要な構成要素となっている。未来の学校は未来に通じる選択や未来への賭けやユートピアなくして規定されるものではありえない。

このようにさまざまな疑問を見ると、新たな人文主義、すなわち「多様なものを目指す人文主義」を規定し、複雑になり、ますます不均質になる社会的ネットワークが提起する挑戦を考慮に入れることが求められている。その場合には、V・セガレンの「多様なるものの美学」という表現を援用し、それに基づいてもよい。人文主義がなければ、教育は存在せず、せいぜいのところ知育しかない。知識と価値観は切り離されていなければならないが、全体主義的に陥ってはならず、民主主義の手続きに従って、人々に共有され、他者性や多様なるものの倫理を背景とするものであらねばならない。

訳者あとがき

本書はMartine Abdallah-Pretceille *L'éducation interculturelle*, PUF, Collection: « Que sais-je ? » n° 3487, 5ème édition 2017 の翻訳である。初版は一九九九年に刊行されているが、本書は加筆修正を行った二〇一七年第五版改訂版を使用した。本書にはアラビア語版（一九九九）、スペイン語版（一九九九）、韓国語版（二〇一〇）がある。

著者について

プレッツェイユの著作が日本で翻訳されるのは初めてのため、著者の経歴をまず紹介しておきたい。プレッツェイユは一九六七年から一九八一年までフランスで小学校教員を務め、普通学級だけではなく、聾者や移民の子どもなど社会的弱者の教育にも携わった。この間、一九七二年にパリ第三大学で外国人に対するフランス語教育の視聴覚教授法の資格を取得し、一九七三年にパリ第一大学フランス大革命講座においてアルベール・ソブール教授のもとで修士の学位を取得した。その後、パリ郊外のクレテイユ学区の視学官を経て、一九八四年から一九九一年まで小学校の教員養成を担当する師範学校の校長を務めた。プレッツェイユはこの間に博士論文の執筆に取り組み、論文は一九八五年に言語教育学者のルイ・ポルシェを指導教授として教育学の領域でパリ第五大学に提出され、翌年の一九八六年に *Vers une pédagogie interculturelle*（『異文化間教育学へ向けて』）のタイトルで刊行された。タイトルが示すように、これは異文化間教育学に関する最初の博士論文であり、現在に到るまで四版を数えており、この分野での基本文献となっている。

プレッツェイユは一九九〇年からパリ第五大学などで文化人類学、異文化間社会心理学、多言語多文化状況におけるコミュニケーション分析などの講義を担当し、博士論文指導資格を得て、一九九一年よりフランス北部にあるヴァランシエンヌ大学（現在のポリテクニック・オー＝ド＝フランス大学）教授となり、教育学ならびに外国語としてのフランス語教育（学士、修士）プログラムの責任者として活躍する。一九九九年にはパリ第八大学に異動し、二〇一二年まで教育学講座で教育研究活動に従事し、その後もパリ第八大学名誉教授の資格で研究執筆活動を続けてきた。

大学での教育研究活動のかたわら、ユネスコやOECD、欧州評議会などの専門委員を務め、ヨーロッパ諸国の大学に招聘され、共同研究や講演などを行い、外国語としてのフランス語教育、異文化間教育、移民教育などに貢献し、フランス政府から、教育功労章シュヴァリエ（一九八四年）、オフィシエ（一九九九年）、レジオン・ドヌール勲章シュヴァリエ（二〇〇九年）に叙されている。

著者の経歴をここに紹介したのは、大学の教育研究のなかでの異文化間教育ならびに外国語としてのフランス語という分野が従来のアカデミアの分類に存在せず、新たな分野であり、プレッツェイユ自身が新しい分野の創設者の一人であることを明らかにするためである。プレッツェイユは小学校の現場からそのキャリアを開始し、移民の子どもなど社会的弱者に向き合い、現場での教育や教員養成を経て、大学教授に任用された研究者であって、アカデミアの中だけで教育研究の実績を積み重ねてきた研究者ではない。

本書をはじめとするプレッツェイユの著作はフランス人にとっても難解であると評されているが、これは著者の衒学趣味だけに帰すことはできない。異文化間教育は既存の学問分野ではなく、教育学、教育哲学、社会学、コミュニケーション学、社会心理学、哲学、倫理学などを基盤とする学際的な学問分野であり、すでに問題の所在が明白で、効果的な解答を探るといった種類の分野ではない。むしろ生成しつつある現実のなかから、問題の所在を発見することを使命としている課題発見型の学問分野である。そのために、著者の論述は決して直線的ではなく、いわばバッハのフーガのように、一つの主題をめぐり拡大と縮小、転調などを繰り返し、思索を深め、可能性を探っている。

また異文化間教育学が新興の学問領域であるのみならず、著者も指摘するように、研究対象であるよりも実践の対象であったことも、プレッツェイユの研究を難解にする原因の一つと考えられる。先行研究が存在し、学問分野としてアカデミアに承認されているのであれば、その研究が学術研究に属することをあえて主張する必要はない。ところが異文化間教育のように学問として公的に承認されていないような新興の分野においては、その研究を通じて研究が学術研究として成立していることを例証していかなければならない。

フランスの場合、学術分野の公的承認は主として国立大学評議会 Conseil national des universités が担当する。フランスでは大学がほぼすべて国立大学であることから、高等教育機関への就職を希望する研究者は国立大学評議会に博士号、勤務経験などを明記した審査書類を提出し、専門分野に応じた委員会による審査を受けなければならない。この機関での審査合格後に、大学などの公募に応募することができる。

ここで問題となるのは、研究者のいわば生殺与奪権を握る専門分野の委員会である。プレッツェイユの開拓した異文化間教育は新興の分野のため、専門委員会が存在せず、そのため教育学の専門委員会がプレッツェイユの業績審査を担当し、大学教授への道を開いた。ちなみに「外国語としてのフランス語」も依然として専門委員会を持たないため、多くの場合、その分野の研究者は言語科学の専門委員会の審査を受けている。つまり、これらの新興分野はいわば他の分野に「支配」されていることになる。当該分野の専門家がその学術共同体の新参者や後継者を選任できないことは、学術の自律性が成立していないことを意味する。プレッツェイユはこれまで異文化間教育を学問分野として承認させるために、晦渋な表現や論理を武器として「権力闘争」を繰り広げてきたのだが、それは、このような研究文化の制度のためと考えられる。国立大学評議会は現在でも異文化間教育学の専門委員会を立ちあげていないが、異文化間教育学はもはや実践にとどまるものではなく、研究であり、それはこの用語を冠した学会、学術雑誌や多くの研究論文の存在が証左している。

本書のタイトルについて

本書の原題 *Éducation interculturelle* について、さまざまに展開する interculturel の語義を紹介し、理解を図りたい。

本書のタイトルは『異文化間教育』と日本でも比較的に流通している用語を使用し、本書の方向性を示唆したが、実際のところプレッツェイユの提示する interculturel の語義はかなり広く、日本語の異文化間教育や異文化理解、異文化教育が内包する概念だけに収めることはできない。

フランスにおけるéducation interculturelleが課題になり始めたのは一九七〇年代から実施された出身国の言語文化教育にさかのぼるもので、この教育は当初、移民の子どもたちだけを対象にしたものであったことから、「文化教育」あるいは「異文化（理解）教育」に相当する。ところがこの教育が平等の視点よりすべての子どもに開かれるようになると、フランス（人）との交流の視点が生まれるようになった。これは異なる文化間の交渉や差異に関わる点で「異文化間教育」に対応する。その後、移民やその文化がフランス社会に偏在するようになり、移民と共生するフランスが日常の一部となると、そのようなフランスの表象は外国語としてのフランス語教育の教材などにも取り入れられることとなり、外国人は移民と共生するフランス（人）を学ぶようになる。これもまた「文化教育」あるいは「異文化（理解）教育」に対応する。その後さらに、外国語としてのフランス語教育は複言語主義の創出の中で発展し、学習者の出身文化とフランス（語）文化との比較や分析など、さらには文化そのものの複数性への内省へと展開していった。これは二つ以上の文化の往来に着目するもので、「異文化間教育」の名称にふさわしい。このような一連の教育活動はすべてinterculturelの名称のもとに展開している。

また言語教育学のイギリス人研究者で『ヨーロッパ言語共通参照枠』（ＣＥＦＲ）の協力者でもあるマイケル・バイラムは一九九〇年代からintercultural competence「相互文化的能力」を提唱している。[1] この概念はＣＥＦＲに取り入れられ、さらなる発展を遂げたが、バイラムの著作の監修者である細川英雄はこれについて次のように述べている。「interculturalは「異文化の」「異文化間の」と訳されることが一般的であり、この用語はかなり広く用いられていますが、intercultural に「異」の意味は存在しません」(ii)。確かに intercultural 自体に「異」の意味はなく、バイラムの提唱する概念の内容に即するならば、「相互文化的」と訳出することが妥当であろう。細川の意図は、文化本質主義を乗り越え、文化の動態を表出することを目指すもので、そのためにこの用語を考案したのであり、これはバイラムの言語教育思想を表現するのに適切である。

interculturel の解釈をさらに複雑にしている現象としてケベックの interculturalisme 間文化主義という社会思想が挙げられる。これは移民を受け入れるケベックの社会統合の原理であり、ケベックの社会学者ジェラール・ブシャールが明らかにしたもので[2]、日本ケベック学会は「間文化主義」を使用し、学界ではこの訳語が流通している。

この他にも interculturel には欧州評議会が提唱している都市政策の中での用語法がある。欧州評議会では二〇〇四年より intercultural city 政策を進めており、これは、異なる国籍や言語、文化、宗教などを持つ人々から構成された都市が多様性を障害と考えるのではなく、社会の豊かさと捉える都市政策

---

1 マイケル・バイラム『相互文化的能力を育む外国語教育――グローバル時代の市民性形成をめざして』、細川英雄監修、山田悦子・古村由美子訳、大修館書店、二〇一五年。
2 ジェラール・ブシャール『間文化主義インターカルチュラリズム――多文化共生の新しい可能性』、丹羽卓監訳、彩流社、二〇一七年。

で、異なる文化集団を結びつけ、社会の結束性を高める政策として展開している。ここでの interculturalは、さまざまな文化をつなぐことに着目する。このプログラムはヨーロッパ域外にも開かれており、この政策プログラムに参画する浜松市は intercultural city の事実上の訳語として「多文化共生都市」を提示している。しかしながら intercultural の訳語を「多文化共生」とすることは、この概念の持つ文化の動態を伝えていない。

このように interculturel をめぐる考察や実践は多岐にわたり、文脈によって異なるため、一義的な理解は容易ではない。そこで本書では文脈に応じて、異文化理解、異文化、異文化間、間文化を使用し、それぞれの文脈での理解を図ることとした。

本書の梗概

本書は二部から構成されており、第一部は異文化間研究を理論的観点より、第二部はフランスを中心とした具体的文脈のなかから考察する。

第一部「課題と論争」は異文化間教育の前提となる異文化間研究を哲学、社会学、文化人類学、社会心理学などの観点から論じる。そもそも異文化間研究は何を研究課題として議論を進めてきたのか。第一章「文化の諸相」は異文化間研究の出発点となる文化の定義を問いただす。文化とは人間の帰属を示すのか、あるいは人間が文化を産出し、それにより環境に働きかけるのか。現代社会では文化の多様性が進み、文化が接触することから、文化がダイナミックな変容を遂げることもあるが、社会は異なる文化に対して変容を拒み、内向きの態度を示すこともある。

この一方で、個人は一つの文化のみに属するものではない。現代社会を見ると、人々は複数の帰属集団やアイデンティティを保持する方向へ向かっている。人間のアイデンティティは多元的であり、さまざまな社会構造に組み入れられていることがわかる。従って、社会や文化の多様性をそのような観点から考察する必要がある。

個人のアイデンティティは差異と普遍性の緊張関係によって語られることが多い。確かに個人を特徴づけるものは他者に対する差異であるが、その絶対化は集団の特殊化を、ひいては差別を招くことになる。他者の多様性や差異の承認はまず個人に固有の多様性や不均質性を認識するところから始める必要がある。みずからの多様性の認識こそが他者の豊かさの発見の出発点となる。

第二章「多文化主義への疑問」はアメリカで生まれた多文化主義という社会の統合原理を批判的に考察する。アメリカの多文化主義は一九六〇年代以降に先住民や黒人、移民など少数者の統合をめぐり発生した社会思想で、個人は国家に加えて国家とは別の共同体にも所属すると主張する。そして個人は国家以外のもう一つの差異化された集団への帰属を優先することから、学校教育はそのような文化集団に関する教育を多文化教育の名のもとに展開するが、実はこのような集団は文化やエスニック・グループだけではなく、年代や性別、宗教などさまざまな差異をもとに構築される。しかしさまざまな文化の承認を求める多文化主義は社会の解体を招きかねない。というのも集団の類型化は、多数派からの拒絶や排除を生み出しかねないからである。その意味で、現代社会においては社会の結束性を損なうことなく多元性や多様性を承認する理論の構築が課題となる。

第三章「異文化間主義の捉え方」は異文化間研究の方法論を哲学、社会学、文化人類学、社会心理学の観点から検討する。異文化間研究はこれまで移民を対象とする研究に還元され、差異をめぐるイデオロギーや文化本質主義にとらわれ、文化の多様性を動態として考えることが少なかった。異文化間研究は知と行動の境界に位置するもので、主体による文化の産出やその相互作用を対象化する。そこでのアプローチは多様性、個別性、普遍性に基づくもので、問題の解決というよりも、その所在を明らかにするものである。

異文化間研究はモデルを記述することもあるが、動態や複雑性を把握せずに、一般化や単純性を推し進めるおそれもある。他者理解とは人間相互の承認に基づくものであり、一方が他方を認知面で支配することではない。文化的差異の認識は関係性のなかでのみ有効性を保ち、文脈から切り離されれば意味を失ってしまうため、それはある状況を映し出すものとなっている。さらに文化的多様性の検討によって他者性の問題が創出されることから、差異を強調する相対主義と包括的な視座の間では価値観をめぐる哲学的考察が必要となる。また比較による文化の把握も、隠されていた特異性を明らかにするものの、単純化や文化本質主義の危険を免れえない。以上のように、文化的多様性の問題は他者性と切り離しがたい。

一方で、教育はあくまでも普遍性の原理に基づくものであるため、差異の論理のみを受け入れるべきではない。確かに文化的多様性の知識は重要であるが、それ以上に生徒の置かれている環境を分析し、他者そのものの複雑さや不均質性に目を向けることこそ、教育を技術的問題に還元することなく、存在論に関わる問題として捉えるために必要なのである。

第二部「異文化間教育」は異文化間に関わる課題をフランス国内の学校教育ならびに国外へ向けた教育活動との関連で考察する。第一章「教育学における多元主義の傷跡」は、移民の子どもたちを多く受け入れたフランスの学校の多様性に対する措置を取り上げ、その意義を考察する。フランスの学校教育は「異文化（間）教育活動」という名称の教育活動によって異文化教育を導入した。これは移民の出身国の言語文化を教育し、移民の子どもたちの学校への統合を図るものだったが、この教育は周縁的なものにとどまり、かえって移民の持つ差異が固定化されたり、ステレオタイプが強化されることにつながった。また移民の子どもに対してフランス語能力を補完する観点から入門クラスの設置も行われた。確かに、このような教育的配慮は学力の是正に効果があるものの、多数派との差異をハンディキャップと同一視し、その欠陥を補償する。しかしこのような発想は果たして文化の多様性を考慮に入れ、多元的な社会の現実に即しているのだろうか。著者は移民の子どもへの支援教育に反対ではないものの、その手法の妥当性に疑問を呈している。

第二章「一連の異文化間性」では異文化間教育を、外国語としてのフランス語教育や国際交流、市民性教育の観点から考察する。外国語としてのフランス語教育は欧州評議会の言語教育政策の発展を受けて、実用目的から価値観や人文主義の教育へ、単一言語主義から複言語主義へと発展してきた。また文明教育から文化教育へと変化することに伴い、文化能力や異文化間能力の育成も外国語教育に統合されてきた。この一方で、異文化間教育は国際交流の構成要素ともなっている。とはいえ、外国旅行や外国人との接触だけでは、先入観や偏見を取り除くことはできず、適切な調整や介入が欠かせない。また国際交流の目的は外国語を学ぶことだけではなく、むしろ他者性の認識や異文化の体験にあり、教師や学校など仲介者の役割はそのような出会いの場を整備することである。市民性教育もまた多元的で不均質な社会の中で共通の価値観を創出し、多元的な観点から市民性を捉えるという点で、異文化間教育の構成要素となる。多様性を承認するのはライシテ（政教分離の原則）であり、これが共生の基盤となる。人権教育も多様性の維持には不可欠であるが、偏見やステレオタイプ、自民族中心主義の克服などは態度や行動により変化が生まれる。

結論「多様性を目指す人文主義に向けて」では、これまで均質性を求められてきた学校と差異化されてきた家庭における学校の役割を改めて問い直し、消費財ではなく、価値に基づく学校の意義を訴える。多様で多元的な社会のなかで、学校は、多様性を目指す人文主義を提唱する使命があり、価値観に基づく教育が求められている。

フランスにおける移民教育の動向

本書は異文化間教育を論ずるにあたり、フランスの社会文化的文脈において考察を進めていることから、フランスにおける移民の子どもへの異文化間教育を概観し、その文脈の理解を進めたい。

現在のフランスは多言語主義を掲げ、複数言語の教育を推進するものの、多文化主義は国家の統合を損なうとして、これまでのように否定的立場を崩していない。国家と市民の間に、文化や宗教、出自などにより結集する中間団体の存在を公的には認めない。フランスの公教育は一八八〇年代に成立したが、これはフランス語によって共和主義を子どもに伝達し、子どもたちを共和国市民に育成することを目的としている。

共和国の掲げる平等の思想は、子どもの出自や、文化、宗教などを一切考慮せず、共和主義という普遍的価値観を教え込むものだった。このような文脈から、フランスの学校はこれまで多文化主義を認めず、フランス語による教育を実践し、外国語教育は別として、フランス語以外の言語による教育を原則として排除してきた。

フランスは十九世紀半ばより人口の減少に直面し、産業革命を支える労働力をベルギーやイタリアといった隣国を始め、さらにはポーランドやポルトガル、スペインなどのヨーロッパ諸国に求めた。これらの移民はフランス人と同じキリスト教文明に属するにもかかわらず、フランス人からの激しい排斥や差別があった。[1] そしてその子どもたちに対しては、フランス人の子どもと変わらぬ教育を行い、言語文化の同化を求めたが、特別の措置を講じたわけではなく、共和国の学校（小学校）に移民の子どもを通学させることにとどまっていた。移民の子どもたちはフランス語やフランスの学校文化に同化をし、事実上、同化は成果を収め、ヨーロッパ諸国からの移民はフランス人となり、社会を構成してきた。

第二次世界大戦後になると、移民労働者の出身国はヨーロッパから北アフリカなどのフランス領植民地へと移る。マグレブと呼ばれるアルジェリア、チュニジア、モロッコはその頃フランスの植民地で、なかでもアルジェリアは一九六二年の独立までフランスの県の一つとして行政面で同化されてお

1　ジェラール・ノワリエル『フランスという坩堝――一九世紀から二〇世紀の移民史』、大中一彌・川﨑亜紀子・太田悠介訳、法政大学出版局、二〇一五年、五一六頁。

り、そこからの労働力の移入はフランスの国内の労働者の移動と変わらないと考えられていた。ところが、呼び寄せの対象となったアルジェリア人労働者の多くはアルジェリアで困窮し、フランスとの経済的格差の恩恵に与ろうとする人々で、フランス語をたどたどしく話せる程度で、識字能力をほとんど持たなかった。フランスは植民地としてのアルジェリアにおいて、モスクなどに存在していたイスラームの教育制度を抵抗や反乱の温床になるとして破壊し、その後も教育制度の整備をほとんど行わなかった。そのために、アルジェリアはフランスの植民地であるにもかかわらず、フランス語が原住民にほとんど普及していなかったのである。

第二次世界大戦後のフランスは戦後復興と経済成長に対応するため、植民地を中心とする地域から大量の人々を受け入れた。そのなかで政府は、アルジェリア人ならびに他のヨーロッパ系移民に対する同化主義的教育政策を一九四九年から正式に導入し、フランス人と同一の教育制度に編入した。一九五三年になると補習クラスを開設するが、これはあくまでも学習の遅れを取り戻すという教育上の観点から編成されたもので、異文化や異言語を考慮に入れた施策ではなかった。

旧植民地などからの単純労働者の移入は一九七三年まで続くが、オイルショックとそれに伴う経済不況のため、フランス政府は一九七四年七月に単純労働者の受入を停止した。これ以降、単純労働者の流入は制限されたが、その代わりに移民の家族が家族呼び寄せ政策により次々とフランスに到来し、移民の子どもたちはこれまでにもまして大量にフランスの学校に通うようになり、ここに「異文化」の問題が発生する。

ヨーロッパ出身の移民の子どもと異なり、イスラーム諸国からの移民の子どもたちの学校への統合は容易ではなかった。出身国で学校教育を受けたことがない子どもや、識字化されていない子ども、また教育制度そのものに対する親の不信感など、フランスの学校への編入を困難にする要因は多様だった。そこで、子どもの統合や学習を進めるために、従来のフランス語による同化主義ではなく、出身の言語文化の保持が重要ではないか、また教育目的についても従来のような共和国市民の創出は同化主義になるのではないか、といった疑問が出された。移民労働者は一時的な滞在者であり、近い将来に帰国すると考えられていたので、帰国後の再統合のために出身国の言語や文化の学習は有効であり、またそれらはフランス語の学習にも役立つと考えられていたのである。

このような反省を受けて、一九七三年から「出身言語・文化教育」が導入され、移民の子どもの帰国準備やその促進が制度化された。「出身言語・文化教育」は、ポルトガル（一九七三年に締結、以下同様）、イタリア（一九七四）、チュニジア（一九七四）、スペイン（一九七五）、モロッコ（一九七五）、ユーゴスラビア（一九七七）、トルコ（一九七八）、アルジェリア（一九八二）とフランス政府の間でそれぞれ協定が締結され、出身国政府が費用を負担のうえで教員を派遣し、出身国の言語文化の教育を移民の子どもたちに実施した。ところがこの言語文化教育は政治的、また社会言語学的に多くの課題を明らかにした。

政治問題とはフランスの公教育の中での宗教の取り扱いに関わる。フランスは政教分離の原理に従い、公教育の場から一切の宗教教育を排除しているために、宗教色の混じった言語教育を公教育に導入しがたい。ところが、アラビア語はアラーの神の啓示に起源を持つと考えられる言語であり、アラビア語の学習とイスラームの聖典であるコーランを切り離すことはできない。コーランに言及することなく、アラビア語教育を行うことは困難である。

また社会言語学的問題は教授すべきアラビア語をめぐる議論に関わり、出身国の言語としてコーランのアラビア語を教えるべきか、それとも国や地方により異なる方言アラビア語を教えるべきかというもので、議論は錯綜を極めた。さらにアルジェリアからの移民にはアラビア語を第一言語としないベルベル人が多く、彼らは家庭ではベルベル語を使用している。ところがアルジェリア政府は独立後にアラブ化政策を進めるにあたり、フランス語を排除しただけではなく、ベルベル語も承認することはなかった。そのため、アルジェリア政府はベルベル語教師の派遣を行わなかった。在仏のベルベル人移民にとってアルジェリア政府派遣によるアラビア語の言語文化教育は、アラビア語がフランス語と同じ程度の異言語であったことから、そこにメリットを認めなかったのである。出身国の言語文化教育は自明なものではなく、アラビア語教育だけを取り上げても課題はこのように複雑を極めていた。

なお二〇一五年以降、イスラーム主義者などによるテロの多発を承け、二〇二〇年よりマクロン大統領の主導のもと、出身国の言語文化教育は全面的に廃止され、「外国語の国際教育」Enseignements internationaux de langues étrangères に置き換えられ、出身国からの教員派遣を廃止し、CEFRに準拠した外国語教育へと改革されることとなった。これは出身国の言語文化教育、とりわけアラビア語教育がイスラーム主義の影響を受けかねないとの懸念からである。

さらに問題はフランスの学校からも発生した。フランスの学校はフランス語という単一言語文化に支配されているにもかかわらず、そこに限られた生徒だけを対象とする多様な言語文化教育を導入することは、教育の平等の原則に反するのではないかとの疑問が発生した。そこで生まれた教育上の措置が、一九七八年七月二十五日付の「移民の子どもの就学に関わる通達」(78-238) に現れた「異文化(間)活動」である。通達は、「外国人教員が各国の国語教育を行い、すべての児童に向けた異文化活動の実施に関与する」と明記している。ここで提唱された「異文化(間)活動」とは国際交流などの実践であり、小学校では移民の出身国の文化紹介、物産品の展示、学校間集団文通などとして実施された。しかしこれらの文化紹介はステレオタイプの強化につながり、ひいては文化本質主義に陥るおそれがあり、先入観や偏見を生みかねない。そこで、次第にフランスにおける移民の流入の歴史や移民集団の記憶、移民出身作家の証言などの学習へと発展していった。[1] また移民は帰国することなく、定住が本格化し、共生が現実の課題となってきたことから、異文化は移民だけに関わる特別な問題ではなく、すべてのフランス人に関わる課題へと一般化していった。ここでの「異文化」とは多文化社会の中にあって複数の文化の存立を意味することではない。inter という接頭辞の示すように、「異文化」interculturel とは複数の文化間の交流や相互作用を含意する。そこで、少数派の移民がホスト国の文化を学ぶだけではなく、ホスト国の多数派の子どもたちも移民の出身国の文化に関心を持ち、それをともに学ぶよう、異文化教育は双方向に展開し、「異文化間教育」へと発展していった。「異文化間教育」は八〇年代になるとフランスの学校教育にとどまることなく、コミュニカティブ・アプ

1 S. Boulot, D. Boyzon-Fradet (1992), «La pédagogie interculturelle; point de vue historique et enjeux», *Le français aujourd'hui*, n. 100, pp. 94-100.

ローチの発展とともに「外国語としてのフランス語教育」にも影響を与えるようになる。それまでの外国人へ向けたフランス語教育は、文学や芸術に代表されるフランスの高級文化やフランスの社会制度を「文明」の名のもとに教授していた。しかし移民の到来や彼らとの共存の中で生まれた「異文化間教育」はフランス社会における文化の複数性を否応なく明らかにするもので、そのため言語教育は高度で模範とすべき「文明」から、多様で多元的な「文化」へとその対象を発展させた。そしてこのパラダイムの変化は、フランス語教育の内容の見直しにつながり、高級文化の学習から文化の関係性へと学習は再編成された。

言語教育が異文化間教育を含むのであれば、言語教育とはもはや言語知識を習得し、コミュニケーションの実践を学ぶことだけにとどまらない。言語はコミュニケーションの道具であるとともに文化でもある以上、言語学習とは文化の学習をも意味する。ここで学ぶ文化とは、本質主義的な意味での文化を指すだけではなく、複数文化をも意味するもので、移民の文化のように外部から持ち込まれたものばかりではなく、性差による文化、世代や職業、地域、宗教などの生み出す文化も含む。しかしながら、このような視座はひとたび外国語としてのフランス語教育の現場に持ち込まれると、学習者の出身文化（たとえば日本文化）とフランス文化の対比に還元されてしまい、それぞれの文化に対する文化本質主義を作り上げてしまうことが多い。

社会は複数文化から構築されるが、それらの文化の価値は平等である。その中での教育とは文化の複数性への目覚めを促し、複数文化の中での相互関係性を生み出すこと、これらが「異文化間教育」を構成する要因である。[1] そこで異文化間教育は学習者のアイデンティティに注目し、学習者の外国語学習を通じた出身文化への目覚めから出発する。とはいえ「異文化間教育」は、学習者が自己の文化や価値観を捨てることなく、他者の価値観や文化を学ぶことを求める。文化を学ぶとは、異なる社会の異なる構造を知ることでもあり、そのためには、他者を分析するまなざしを学ばなければならない。自分が他者に対してどのようなステレオタイプやイメージを抱いているのか、また他者が自分に対してどのようなステレオタイプやイメージを抱いているのかなどを見つめる必要がある。そしてその出身文化のうちに潜む見えない規範や原理の自覚を通じて、対象となる異なる文化を構成する目に見えない原理を意識するようになるのである。つまり学習者は自己のまなざしの相対性を学び、ときには異なる文化との出会いによって引き起こされる不安にも耐え、他者に対するステレオタイプに陥らないことをめざす。[2]

このように検討すると、異文化間教育と「異文化理解」とは必ずしも同一ではないことがわかるだろう。異文化理解において、異文化とは理解の可能な対象として主体の外部に存在するが、これに対して、異文化間教育とは異なる他者を必ずしも理解可能な対象として措定するものではない。認知能力による理解を超える場合もあり、むしろそのような場合にあたっての態度をも学ぶのである。その意味でも、異文化間教育は対象となる異なる文化それ自体にもまして、異文化という他者との関係性、すなわち態度に着目するのであるのである。

---

1 L. Porcher (1986), *La civilisation*, CLE International, 143 p.
2 M. De Carlo (1998), *L'interculturel*, CLE International, 126 p.

本書はこのようにコンパクトながらもフランスで論じられてきた異文化間教育の課題を包括的に論じ、異文化間教育の成立の経緯や課題を明らかにする。日本において異文化間教育は主として日本語教育と英語教育の枠組みで論じられ、バイラムの研究を除けば、ヨーロッパにおける取り組みが紹介されることはあまりなかった。日本、アメリカ、ヨーロッパを比較すると、異文化間教育の成立はそれぞれ異なるだけではなく、それに伴って、問題意識も異なっていることがわかる。これは人文学がその成立した文脈に広く依存していることの好例であり、同一の用語を使用しているようであっても、必ずしも同一の論理を展開していることにはならない。グローバル化の進展する現代社会にとって、異文化間教育の課題はますます重要になっているが、これをグローバル社会の中で論じるのは必ずしも自明ではない。異文化間教育の文脈性を踏まえた議論が必要になる。

本書の訳出にあたり、細川英雄先生、長野督先生、大山万容さんから貴重なご意見をいただいた。大山さんには原文と校合をおこなっていただき、深く感謝を申しあげたい。また白水社編集部の小川弓枝さんには企画の立案から刊行にいたるまでお世話いただき、精緻な編集作業にあたってくださったことに御礼申しあげたい。

プレッツェイユ主要著作

Abdallah-Pretceille, Martine (dir.) (1992), *Quelle école pour quelle intégration ?*, Paris, CNDP, Hachette éducation.

Abdallah-Pretceille, Martine (1997) « Pour une éducation à l'altérité », *Revue des sciences de l'éducation*, Volume 23, numéro 1, p. 123-132.

Abdallah-Pretceille, Martine (1998) *Maîtriser les écrits du quotidien*, Paris, Retz.

Abdallah-Pretceille, Martine, en coll. avec Louis Porcher (1999), *Diagonales de la communication interculturelle*, Paris, Anthropos.

Abdallah-Pretceille, Martine (1999 [1986]), *Vers une pédagogie interculturelle*, Paris, Anthropos.

Abdallah-Pretceille, Martine en coll. avec Louis Porcher (2001), *Éducation et communication interculturelle* [2e éd.], Paris, PUF.

Abdallah-Pretceille, Martine (2003), *Former et éduquer en contexte hétérogène : Pour un humanisme du divers*, Paris, Economica.

Abdallah-Pretceille, Martine (dir.) (2006), *Les métamorphoses de l'identité*, Paris, Economica.

Abdallah-Pretceille, Martine (2020), *La communication interculturelle — Entre pertinence et impertinence*, Paris, L'Harmattan.

参考文献案内

Abdallah-Pretceille M., *Les Politiques multiculturelles et leurs conséquences sur la formation des enseignants*, Rapport OCDE/CERI, 1988.

— (dir.), *Les Métamorphoses de l'identité*, Paris, Anthropos, 2006.

— « Quelques points d'appui pour une formation des enseignants dans une perspective interculturelle », *in* F. Ouellet (dir.), *Pluralisme et école. Jalons pour une approche critique de la formation interculturelle des éducateurs*, Québec, Institut québécois de recherche sur la culture, 1988.

— « L'École face au défi pluraliste », *in* C. Camilleri et M. Cohen-Emerique (dir.), *Chocs de cultures : concepts et enjeux pratiques de l'interculturel*, Paris, L'Harmattan, 1989.

— « Immigration, Ghettoization and Educational Opportuny », *in* J. Lynch *et al.* (eds.), *Equity or Excellence? Education and Cultural Reproduction*, Londres, The Falmer Press, 1992.

— *Quelle école pour quelle intégration ?*, Paris, CNDP/Hachette, 1992.

— *Éduquer et former en contexte hétérogène. Pour un humanisme du divers*, Paris, Anthropos, 2003.

— *Vers une pédagogie interculturelle*, Paris, Anthropos, 2004, 4e éd. (Publications de la Sorbonne, 1986, 1re éd.).

Abdallah-Pretceille M. et Porcher L. (dir.), *Les Diagonales de la communication interculturelle*, Paris, Anthropos, 1999.

— *Éducation et communication interculturelle* (1996), Paris, Puf, 1999, 2e éd.

— *Éthique de la diversité et éducation*, Paris, Puf, 1998.

Affichard J. et Foucauld J.-B. (dir.), *Pluralisme et équité. La justice sociale dans les démocraties*, Paris, Esprit, 1995.

Amati-Melher J., Argentieri S., Canestri J., *La Babel de l'inconscient. Langue maternelle, langues étrangères et psychanalyse*, Paris, Puf, 1994.

Amselle J.-L., *Vers un multiculturalisme français : l'empire de la coutume*, Paris, Aubier, 1996.

— *Branchements. Anthropologie de l'universalité des cultures*, Paris, Flammarion, 2001.

Appadurai A., *Après le colonialisme. Les conséquences culturelles de la glo-*

balisation (1996), Paris, Payot, 2001.
Auerbach S. (ed.), *Encyclopedia of Multiculturalism* (6 vol.), New York, Marshalle Cavendish, 1994.
Augé M., *Pour une anthropologie des mondes contemporains*, Paris, Aubier, 1994.
Balandier G., *Anthropo-logiques*, Paris, Librairie générale française, 1985.
Banks James A., *Multiethnic Education: Theory and Practice* (3e éd.), Boston, Allyn & Bacon, 1993.
— (dir.), *Teaching Strategies for Ethnic Studies* (6e éd.), Boston, Allyn & Bacon, 1997.
Banks James A. et Cherry A. McGee Banks (eds.), *Multicultural Education: Issues and Perspectives*, Boston, Allyn & Bacon, 1997, 3e éd.
Bastide R., *Anthropologie appliquée*, Paris, Payot, 1971.
Bateson G. *et al.*, *La Nouvelle Communication*, Paris, Le Seuil, trad. franç., 1981.
Bauman Z., *La Vie liquide*, Rodez, Éditions du Rouergue, 2006.
Baumgratz-Gangl G., *Compétences transculturelles et échanges éducatifs*, Paris, Hachette, 1992.
Birzea C., *Stratégies pour une éducation civique dans une perspective interculturelle*, Strasbourg, Conseil de l'Europe, 1993.
Bourdieu P., *La Distinction, critique sociale du jugement*, Paris, Éd. de Minuit, 1979.
— *Ce que parler veut dire. L'économie des échanges linguistiques*, Paris, Fayard, 1982.
Bril B. et Lehalle H., *Le développement psychologique est-il universel ? Approches interculturelles*, Paris, Puf, 1988.
Camilleri C. (dir.), *Différences et cultures en Europe*, Strasbourg, Les Éditions du Conseil de l'Europe, 1995.
Camilleri C. et Vinsonneau G., *Psychologie et culture : concepts et méthodes*, Paris, Armand Colin, 1996.
— *Anthropologie culturelle et éducation*, Lausanne, Unesco-Delachaux & Niestlé, 1985.
Cazemajou J., Martin J.-P., *La Crise du melting-pot. Ethnicité et identité aux États-Unis de Kennedy à Reagan*, Paris, Aubier-Montaigne, 1983.
— *L'Interculturel. Introduction aux approches interculturelles en éducation et en sciences humaines*, Toulouse, Presses universitaires du Mirail, 1990.
Colin L. et Muller B. (dir.), *La Pédagogie des rencontres interculturelles*,

Paris, Anthropos, 1996.
Collès L., *Littérature comparée et reconnaissance interculturelle*, Bruxelles, De Boeck/Duculot, 1994.
Dadsi D., *Particularismes et universalisme : la problématique des identités*, Strasbourg, Conseil de l'Europe, 1995.
Dibie P. et Wulf C. (dir.), *Ethnosociologie des échanges interculturels*, Paris, Anthropos, 1998.
Dinello R. et Perret-Clermont A. N. (dir.), *Psychopédagogie interculturelle*, Suisse, DelVal, 1987.
Devereux G., *Ethnopsychanalyse complémentariste*, Paris, Flammarion, 1972 (recueil d'articles publiés entre 1943 et 1966).
— *Essais d'ethnopsychiatrie générale* (1967), Paris, Gallimard, 1977.
Erny P., *Ethnologie de l'éducation*, Paris, Puf, 1981.
Forquin J.-C., *École et culture. Le point de vue des sociologues britanniques*, Bruxelles, De Boeck, 1989.
Fourest C., *La Dernière Utopie. Menaces sur l'universalisme*, Paris, Grasset, 2009.
Gallissot R., *Pluralisme culturel en Europe : cultures européennes et cultures des diasporas*, Paris, L'Harmattan, 1993.
Gaudet E. et Lafortune C., *Pour une pédagogie interculturelle. Des stratégies d'enseignement*, Québec, ERPI, 1997.
Glissant É., *Poétique de la relation*, Paris, Gallimard, 1990.
— *Introduction à une poétique du divers*, Paris, Gallimard, 1996.
Guillebaud J.-C., *Le Commencement d'un monde. Vers une modernité métisse*, Paris, Le Seuil, 2008.
Goffman E., *Stigmates. Les usages sociaux des handicaps* (1963), Paris, Éd. de Minuit, 1975.
— *Les Rites d'interaction* (1967), Paris, Éd. de Minuit, 1974.
— *La Mise en scène de la vie quotidienne* (1956), Paris, Éd. de Minuit, trad. franç., 1973.
Gundara J., *Intercultural Education*, Londres, Kogan Page, 1991.
Horton J.(dir.), *Liberalism, Multicultarism and Toleration*, London, Macmillan Press, 1993.
— *L'Éducation multiculturelle*, Paris, OCDE/CERI, 1987.
L'Interculturel en éducation et en sciences humaines, 2 vol., Actes du colloque, Toulouse, juin1985
Jahoda G., *Psychologie et Anthropologie*, Paris, Armand Colin, 1989.
Kaës R. et Eiguer A. (dir.), *Différence culturelle et souffrances de l'identité*,

Paris, Dunod, 1998.
Lacorne D., *La Crise de l'identité américaine : du melting-pot au multiculturalisme*, Paris, Fayard, 1997.
Ladmiral J. R. et Lipiansky E. M., *La Communication interculturelle*, Paris, Armand Colin, 1989.
Landercy A. et Renard R., *Aménagement linguistique et pédagogie interculturelle*, Paris, Didier-Érudition, 1996.
Lavanchy A., Gajardo A., Dervin F., *Anthropologies de l'interculturalité*, Paris, L'Harmattan, Paris, 2011.
Lynch J., *Multicultural Education. Principles and Practice*, Londres, Routledge, 1986.
Lynch J., Modgil C., Modgil S. (eds.), *Cultural Diversity and The Schools*, 3 vol., Londres, The Farmer Press, 1992.
Maffesoli M., *La Connaissance ordinaire. Précis de sociologie compréhensive*, Paris, Librairie des Méridiens, 1985.
Martiniello M., *L'Ethnicité dans les sciences sociales contemporaines*, Paris, Puf, coll. « Que sais-je ?», n° 2997, 1995.
McAndrew M., *Immigration et diversité à l'école*, Presses universitaires de Montréal, 2001.
McAndrew M., Gagnon F., Page M., *Pluralisme, Citoyenneté et Éducation*, Montréal, L'Harmattan, 1996.
Moro M. R., *Parents en exil. Psychopathologie et migrations*, Paris, Puf, 1994.
Ouellet F. (dir.), *Pluralisme et École*, Québec, IQRC, 1988.
— *L'Éducation interculturelle : essai sur le contenu de la formation des maîtres*, Paris, L'Harmattan, 1991.
Paquette D., *L'Interculturel : de la psychosociologie à la psychologie clinique*, Paris, L'Harmattan, 1996.
Poglia E. *et al.*, *Pluralité culturelle et éducation en Suisse*, Bern, Peter Lang, 1995.
Retschitzki J., *La Recherche interculturelle* (t. 2), Paris, L'Harmattan, 1989.
Reuchlin M. (dir.), *Cultures et Conduites*, Paris, Puf, 1976.
— *Cognition : l'individuel et l'universel*, Paris, Puf, 1990.
Rey Von Allmen M., *Recueils d'informations sur les opérations d'éducation interculturelle en Europe*, Strasbourg, Conseil de l'Europe, 1983.
— *Former les enseignants à l'éducation interculturelle*, Strasbourg, Conseil de l'Europe, 1992.
— (dir.), *Psychologie clinique et interrogations culturelles*, Paris,

L'Harmattan/ CIEMI, 1993.

— *Identités culturelles et interculturalité en Europe*, Genève, Centre européen de la culture/Actes Sud, 1997.

Róheim G., *Psychanalyse et anthropologie : culture, personnalité, inconscient* (1950), Paris, Gallimard, trad. franç. 1967.

Rowles D., *Comment former aux liens et échanges scolaires par une approche interculturelle*, Strasbourg, Conseil de l'Europe, 1992.

Savidan P., *Le Multiculturalisme*, Paris, Puf, coll. « Que sais-je ? », n° 3236, 2009.

Sayad A., *L'Immigration ou les Paradoxes de l'altérité*, Bruxelles, De Boeck, 1992.

Schütz A., *Le Chercheur et le quotidien, phénoménologie des sciences sociales* (1971), Paris, Méridiens-Klincksieck, 1987.

Sen A., *Identité et violence. L'illusion du destin* (2006), Paris, Odile Jacob, 2010.

Streiff-Fenart J., *Théories de l'ethnicité*, Paris, Puf, 1995.

Taylor C., *Multiculturalisme. Différence et démocratie* (1992), Paris, Aubier, 1994.

Triantaphyllou A., *Pour une anthropologie des échanges éducatifs*, Berne, Peter Lang, 2002.

Vasquez-BronfmanA. et Martinez I., *La Socialisation à l'école. Une approche ethnographique*, Paris, Puf, 1996.

Wieviorka M. (ouvrage collectif), *Une société fragmentée ? Le multiculturalisme en débat*, Paris, La Découverte, 1996.

Winkin Y., *Anthropologie de la communication*, Bruxelles, De Boeck Université, 1996.

Woods P., *L'Ethnographie de l'école*, Paris, Armand Colin, 1991.

訳者略歴
西山教行（にしやま・のりゆき）
1961 年東京生まれ。
京都大学人間・環境学研究科教授。言語教育学、言語政策、フランス語教育学、フランコフォニー研究。
主な著訳書に、トリュショ『多言語世界ヨーロッパ——歴史・EU・多国籍企業・英語』（共訳、大修館書店、2019 年）、『グローバル化のなかの異文化間教育——異文化間能力の考察と文脈化の試み』（共編著、明石書店、2019 年）、グロジャン『バイリンガルの世界へようこそ——複数の言語を話すということ』（監訳、勁草書房、2018 年）、メイエ『ヨーロッパの言語』（岩波文庫、2017 年）。

文庫クセジュ　Q 1043
異文化間教育

2021年4月 5 日　印刷
2021年4月25日　発行
著　者　マルティーヌ・アブダラ＝プレッツェイユ
訳　者 © 西山教行
発行者　及川直志
印刷・製本　株式会社平河工業社
発行所　株式会社白水社
東京都千代田区神田小川町 3 の 24
電話　営業部 03 (3291) 7811 / 編集部 03 (3291) 7821
振替 00190-5-33228
郵便番号 101-0052
www.hakusuisha.co.jp

乱丁・落丁本は、送料小社負担にてお取り替えいたします。
ISBN978-4-560-51043-8
Printed in Japan

文庫クセジュ

哲学・心理学・宗教

文庫クセジュ

社会科学

357 売春の社会学
396 性関係の歴史
483 社会学の方法
616 中国人の生活
654 女性の権利
693 国際人道法
717 第三世界
740 フェミニズムの世界史
744 社会学の言語
746 労働法
786 ジャーナリストの倫理
787 象徴系の政治学
824 トクヴィル
845 ヨーロッパの超特急
847 エスニシティの社会学
887 ＮＧＯと人道支援活動
888 世界遺産
893 インターポール
894 フーリガンの社会学
899 拡大ヨーロッパ
917 教育の歴史
919 世界最大デジタル映像アーカイブ ＩＮＡ
926 テロリズム
936 フランスにおける脱宗教性《ライシテ》の歴史
940 大学の歴史
946 医療制度改革
957 ＤＮＡと犯罪捜査
994 世界のなかのライシテ
1010 モラル・ハラスメント
1025 100語ではじめる社会学
1039 100語でわかるＢＯＢＯ（ブルジョワ・ボヘミアン）
1040 脱成長

文庫クセジュ

語学・文学